本书的后期研究获得国家社会科学基金项目
“汉日被动语态的历时与共时研究”
（课题号：18BYY228）资助

自动词及情感动词被动表现的中日对照研究

自動詞及び感情動詞の受身表現の日中対照研究

智晓敏 著

浙江工商大学出版社

图书在版编目（CIP）数据

自动词及情感动词被动表现的中日对照研究 / 智晓敏著. — 杭州 : 浙江工商大学出版社, 2018.8

ISBN 978-7-5178-2085-7

Ⅰ. ①自… Ⅱ. ①智… Ⅲ. ①动词—比较词汇学—汉语、日语 Ⅳ. ①H146.2 ②H364.2

中国版本图书馆 CIP 数据核字（2018）第 150856 号

自动词及情感动词被动表现的中日对照研究

智晓敏 著

责任编辑 姚 媛
封面设计 林朦朦
责任印制 包建辉
出版发行 浙江工商大学出版社
（杭州市教工路 198 号 邮政编码 310012）
（E-mail：zjgsupress@163.com）
（网址：http://www.zjgsupress.com）
电话：0571-88904980，88831806（传真）
排　　版 庆春籍研室
印　　刷 虎彩印艺股份有限公司
开　　本 880mm×1230mm 1/32
印　　张 8
字　　数 208 千
版 印 次 2018 年 8 月第 1 版 2018 年 8 月第 1 次印刷
书　　号 ISBN 978-7-5178-2085-7
定　　价 28.00 元

浙江工商大学出版社营销部邮购电话 0571-88904970

目　　次

第1章

序論

1.1　研究動機及び目的

本論文の主題は、従来問題となってきた「ニ」格感情動詞の直接受身及び間接受身成立の条件を明らかにすることである。日本語の直接受身（普通の受身）は、一般的に他動詞に成立するものとされ、「ヲ」格をとる動詞とされてきる。しかし、日本語の感情動詞においては、「学生は先生ニ感謝した」→「先生は学生に感謝された」というように「ヲ」格ではなく、「ニ」格をとる感情の自動詞にも直接受身（普通の受身）が成立することが分かる。

この「ニ」格をとる感情動詞（自動詞）にも直接受身（普通の受身）が成立するという問題点から、寺村は「ヲ」格をとる動詞ではなく、「直接受身」が成立するものが他動詞であると逆に定義を変えた。これは三上章が動詞一般に関して行った他動詞の定義を適用したものであると思われる。しかし、問題は「ヲ」格のような客観的に観察可能なものではなく、「直接受身」という日本語母語話者の言語直観に頼るものであり、特に外国人日本語学習者にとっては認識困難なものである。また、この「ニ」格をとる感情動詞は直接受身になるものとならないものとが存在している。これを区別する基準も母語話者の直観以外には客観的なものはない。この「ニ」格感情動詞で直接受身になるものと間接受身になるものの基準が何であるのかについて多くの研究が行われた。しかし、工藤真由美（1990）のように、その感情動詞の持つ「対象に対する積極的な心的な態度を表すもの」が直接受身を成立させる感情動詞であるとか、角田（2009）のように、動詞などを分類し、「直接影響」から「能力」までの７段階を設け、その言葉の他動性の強さが直接受身を可能にするかどうかの基準としている。しかし、個々の動詞の他動性の強弱の判定は極めて曖昧なものであり、外国人日本語学習者にとっては、これも認識困難なものである。

この「ニ」格感情動詞の直接受身及び間接受身成立の客観条件を探ることが本論文の主旨である。

1.2　研究方法

研究方法としては、日本語の感情動詞の受身表現には、日本語の受身表現全体の問題が深く関わっているため、その全体像を整理し明確にする必要がある。そのため、受身研究の歴史的な流れを追い、そこから現在の受身研究のキーワードになっている「直接受身」、「間接受身」、或いは「被害・迷惑の受身」、さらに受身表現における有情性、無情性について、先行研究の成果を追究していく。そして、日本語の感情動詞の受身に関する先行研究を基に、「1.1の研究動機及び目的」で述べた「ニ」格感情動詞の直接受身及び間接受身成立の客観条件の問題点を明らかにしていく。また、日本語の「ニ」格感情動詞は、他動詞ではなく、自動詞として位置付けられるため、自動詞の受身についても考察していく。さらに、この「ニ」格感情動詞の問題は「表層格」の「ニ」と「ヲ」にも深く関係しているため、その「深層格」を追究する必要がある。そのため、国立国語研究所の『日本における表層格と深層格の対応関係』（1997）を基に「ニ」格の深層格を分析していく。さらに、中国語母語話者のために、同時に中国語における受身表現と、現在中国語で問題になっている自動詞の受身表現について分析する。また、中国語における「直接受身」、「間接受身」及び「被害・迷惑の受身」、中国語における感情動詞の受身表現についても分析し、日本語との対照研究を行い、日中両言語の共通点及び相違点を明らかにし、中国人日本語学習者の学習の一助となるようにする。

1.3 本論文の構成

本論文の構成は、次の通りである。

第1章 序論

研究動機及び目的、研究方法、本論文の構成について述べる。

第2章 日本語の受身表現についての先行研究

2.1「『受身』の一般的な定義」においては、ヨーロッパ言語における「受動態」の定義及び、日本語の「受身」の定義について論じる。

2.2「日本語の受身名称の変遷」については、「受身」という名称に至るまでの名称の変遷について歴史を辿って見る。

2.3「日本語の受身表現の分類に関する史的研究」では、ロドリゲスから富士谷成章を経て幕末に至るまでの明治以前と明治時代から現在に至るまでの二つの時期に分け、「受身の主語の有情性と無情性という観点」、「直接・間接という構造的観点」、「被害・迷惑性という意味的観点」の三つの観点から、日本語の受身の用法、分類について考察する。

2.4「先行研究から見る日本語の受身の特徴」では、受身の特徴をまとめ、また、日本語の自動詞受身表現の間接性について分析し、さらに、自動詞受身表現の被害・迷惑性について分析する。

第 3 章　感情動詞の分類及び受身表現に関する先行研究

3.1「感情動詞の受身表現—現在の問題点」では、現在問題となっている「ニ」格感情動詞の受身表現の問題点について考察する。

3.2「感情動詞の受身表現に関する研究」では、感情動詞の受身表現の研究について、寺村秀夫、工藤真由美、角田太作の受身研究、三原健一、北村ようの見解について考察し、まとめる。

3.3「感情動詞の分類」では、寺村秀夫、工藤真由美、吉永尚、三原健一、山岡政紀、山川太、北村よう、原沢伊都夫の感情動詞の分類について分析し、まとめる。

3.4 では、第 3 章についてまとめる。

第 4 章「ニ」格感情動詞の直接受身表現に関する分析

本章では、日本語の感情動詞の直接受身表現について分析を行う。

4.1「『ヲ』格感情動詞の直接受身表現」では、まず、一般的な「ヲ」格感情動詞の直接受身表現について取り上げ、また、特別な「ヲ」格感情動詞の直接受身表現である「自発的受身」について分析し、まとめる。

4.2「『ニ』格の感情動詞の直接受身表現では、まず、直接受身が成立する「ニ」格感情動詞を分析し、次に、他の「ニ」格感情動詞の直接受身表現について論じる。

4.3「『ニ』格の深層格」においては、「格文法と深層格」については、フィルモア及び国立国語研究所の深層格の研究について考察した上で、フィルモア（1975）の感情動詞文の必須構成要素について論じ、さらに、国立国語研究所（1997）の研究を基に深層格と表層格の対応関係について一覧表を作り、深層格を35種に分け、表層格の「ニ」格に対応する深層格の表を作成する。

4.4「『ニ』格感情動詞の『ニ』の深層格」では、日本語の「ニ」格感情動詞の表層格「ニ」を表す深層格について分析する。

4.5「『ニ』格感情動詞の深層格と直接受身」では、「酔う・湧く・おろおろする・うっとりする・浮かれる」などの「直接受身文」の用例が見当たらない「ニ」格感情動詞の深層格について考察し、その結論を検証するために、その深層格に「直接受身」が可能かどうかを確かめる。さらに、それを例証するため、例文を受身文から能動文に転換し、深層格について分析を行う。

4.6「対象格を持つ『ニ』格感情動詞の直接受身成立と有情物、無情物の関係」では、「ニ」格の深層格が「対象格」である場合の主語の無情性・有情性とその直接受身成立の関係について分析を行う。

4.7「『ニ』格感情動詞の直接受身文の成立条件のまとめ」では、日本語における「ニ」格感情動詞の直接受身成立条件についてまとめる。

4.8では、第4章のまとめを行う。

第5章　中国語の受身表現

5.1「中国語の受身の定義及び分類」では、先行研究から中国語の受身の定義及び分類について考察する。

5.1.1では、王力の「受身説」について考察する。

5.1.2では、「中国語の『被動句』の定義及び特徴」について先行研究から論じる。

5.1.3では、「中国語の『被動句（受身）』の分類」について、呂叔湘（1980）、傅雨賢（1986）、趙清永（1993）、張興旺（2008）

についてまとめる。その他、劉月華他（1991）、陳昌来（2000）、高橋弥守彦（2013）、王暁潔（2014）の研究についてまとめる。

5.1.4では、「中国語の受身構文のまとめ及び本論文の立場」について述べる。

5.2「中国語他動詞の受身表現及び成立条件」では、中国語における他動詞受身構文の成立条件について述べる。

5.3「中国語自動詞の受身表現」では、中国語自動詞の「受身説」について考察し、自動詞受身成立の条件について分析し、まとめる。また、日中自動詞受身表現の異同をまとめる。

5.3.1「中国語自動詞の受身表現の研究①『有標の自動詞被動文』」では、大河内（1983）、中島（1993・2007）の研究を通し、中国語の有標の自動詞被動文について分析を行う。

5.3.2「中国語自動詞の受身表現の研究②『無標の「被動句」』―『領主句』」について、郭継懋（1990）、徐傑（1999）、沈家煊（2006）、刘暁林（2007）、石毓智（2007）、潘海華・韓景泉（2008）、兪理明・呂建軍（2011）などの研究について触れ、「領主句」という中国語の自動詞受身文の名称について論じ、馬志剛（2012）の①財産身体部位、②親族関係、③社会的関係の三つの観点から、領主句について分析する。

5.3.3では、中国語自動詞受身表現についてまとめる。

5.4「中国語感情動詞の受身表現」では、中国語感情動詞の定義、分類、受身表現及び日中感情動詞の異同について論じる。

5.4.1「先行研究における感情動詞の定義或いは範疇」では、胡裕樹・範暁（1995）などの先行研究を通し、感情動詞の定義について考察する。

5.4.2「中国語感情動詞の分類」では、範暁（1987）、楊華（1994）、張京魚（2001）、張積家ら（2007）、文雅麗（2007）などの研究を通し、中国語の感情動詞の分類について考察する。

5.4.3「中国語感情動詞の自他性及び受身表現」では、馬建忠(1898)、陳承澤（1922)、張京魚（2001)、蘭佳睿（2014）などの研究を通し、先行研究での中国語感情動詞の自他性及び受身表現について分析する。

5.4.4「中国語感情動詞の受身の成立条件」では、中国語の2種の感情動詞について、それぞれの受身成立条件を考察し、分析を行う。

5.4.5では、中国語感情動詞の直接受身表現をまとめる。

第6章　自動詞及び感情動詞の受身表現の日中対照

本章では、日中の自動詞及び感情動詞の受身表現について対照し、まとめる。

第7章　まとめ及び将来の課題

本章においては、本論文のまとめ及び将来の課題について述べる。

第 2 章

日本語の受身表現についての先行研究

2.1 「受身」の一般的な定義

まず、本研究の対象である「受身」の定義について考察し、日本語の受身と英語をはじめとするヨーロッパ言語の「受動態」の定義との相違点を考察してみよう。

2.1.1 ヨーロッパ言語の受動態の定義

日本語の「受身」の定義に対し、ヨーロッパ言語の「受動態」という言葉が使われている。この「受動態」に関しては『ラルース言語学用語辞典』、『現代言語学辞典』、『ロングマン言語教育辞典』と『オックスフォード言語学辞典』などの辞典では下記のように定義している。

1）『ラルース言語学用語辞典』

『ラルース言語学用語辞典』(1980) では、受動態（仏 passif/英 passive）について、「他動詞能動文に対応し、その主語が動作主になり（フランス語においては前置詞 de あるいは par によって導かれる)、また目的語の方は、助動詞 etre と他動詞の過去分詞とできた 1 つの動詞の主語になることによって成立している文を、＜受動文＞を称する」[1]と述べ、下記のような例文を挙げている。

(1) Le vent a casse la branche. 「風で枝が折れた」[2]

(2) La branche a ete cassee par le vent. 「木の枝は風で折れた」[3]

例文によると、フランス語の受動態の構造は、他動詞能動文の主語（(1) の「Le vent」）が前置詞 par によって導かれて受動文 (2) の動作主「le vent」になり、また例 (1) の目的語の「la branche」は、助動詞 etre と (1) の他動詞「casse」の過去分詞とで、できた一つの動詞（例 (2) の）「ete cassee」の主語「La branche」になるというような構造であることが分かる。つまり、フランス語では、動作主と受動者との主語の交換によって受動態が成立できることが明らかになる。

2)『現代言語学辞典』

『現代言語学辞典』(1997) では、「受動態」について、以下のように述べている。

Passive (voice)《受動態》（文）態 (VOICE) の種類の一つ。基本的に言えば、動作・作用の客体が主語 (SUBJECT) である場合の態・動作の方向は被動作主 (PATIENT) ←動作主 (AGENT) である。受身、受動相、被役相などともいう。例：

1 『ラルース言語学用語辞典』(1980) p208。
2 原文のまま。
3 原文のまま。

英語America was discovered by Columbus.（アメリカはコロンブスによって発見された）、ドイツ語 Amerika wurde von Col-mbus entdeckt.（同上）、フランス語L'Amerique fut decouverte parColomb.（同上）。受動態は、しばしば能動態（ACTIVE）に対する。

（『現代言語学辞典』1997：471）

『現代言語学辞典』でも、英語・ドイツ語・フランス語などのヨーロッパ諸言語の受動態文は、能動文の動作・作用の客体を主語とする文であると指摘していることが分かる。

3）『ロングマン言語教育・応用言語学用語辞典』

『ロングマン言語教育・応用言語学用語辞典』(2012）では、「Voice 態」から受身を分析し、受身を「受動態（passive voice)」と称し、「Voice 態」の中の一つの態としている。また、受動態と能動態について、以下のように述べている。

言語が、動詞とそれに関連する名詞句との関係を表す方法。二つの文は、態は異なっていても、同じ基本的な意味を持つということがありうる。しかし、強調の変化があり、一方の文がより適切であるということがある…（APPROPRIATENESS参照）。たとえば次の文：The wind damaged the fence. では、the wind が動詞damagedの主語で、能動態（active voice）である。一方、次の文：The fence was damaged by the wind. では、the fenceがwas damaged の主語で、受動態（passive voice）である。最初の文は、次の問いに対してふさわしい答えであろう。

Did the wind damage anything?

一方、二番目の文は、次の問いに対するふさわしい答えであろう。

How did the fence get damaged?

以下のようないわゆる「無動作主」受動文は、話し手や聞き手が原因を知

らなかったり、述べたくないとき、または原因が明らか過ぎて述べる必要が

ないときに使われる。

The fence has been damaged.

（『ロングマン言語教育・応用言語学用語辞典』2012：507）

『ロングマン言語教育・応用言語学用語辞典』（2012）では、能動態と受動態の文は態が異なっているが、基本的な意味は同じであるとし、この二つの表現は強調する点、或は焦点化するところが異なると述べ、英語の受動態文には動作主が隠されていることがあると指摘している。また、「The fence was damaged by the wind（この柵は風によって）」、及び「The fence has been damaged」は受動文であるが、主語の「The fence」は無情物であることは明らかである。

4）『オックスフォード言語学辞典』

『オックスフォード言語学辞典』（2009）では、受動態について以下のように述べている。

（構文、文などに関して）動詞が有標の形態で、その主語が特徴的に被動者であることをいう。［「受け身」または「受動形」ともいう。］例えば、The countryside is destroyed by motorways のような受動文では、主語 the countryside が破壊されるものを表し、動詞は有標の形態の分詞（destroyed）で、

> これが助動詞と結びついている。
>
> また（より伝統的には）、受動文で用いられる動詞の形態をいう。例えば、上の例では、destroyed という受動分詞のこと。一方、is destroyed 全体を Motorways destroy the countryside に対する受動態ということもある。
>
> （『オックスフォード言語学辞典』2009：168）

以上のように、ヨーロッパ言語では、一般的な受身表現は受動態（文）と称されている。受動態は、能動文と基本的な意味は同じであるが、強調するところ、或いは焦点が違い、能動文の動作主と受動者との位置の交換によって成立し、能動態と対立していることが分かる。また、フランス語の受動態表現には、「伝統文法の受動態」「文法でいう『受動的』代名動詞」文と「自動詞」文という三つのタイプがあることが分かる。

2.1.2　日本語の受身の定義

ヨーロッパ言語に対する日本語の受身表現について、次の『日本文法大辞典』と『国語学大辞典』による考察してみたい。具体的な内容は下記のようである。

1）『日本文法大辞典』

『日本文法大辞典』では受身について以下のように述べている。

> 動詞の相の一つ。受動に同じ。→受動受身の助動詞：その文の主語が、みずから動作を引き起こすのではなくて、他から動作や作用を受け影響をこうむる意味を表す助動詞という。これを三つに分けることができる。①動作・現象の直接的受身を表わすもの。他動詞につき、その他動詞の目的語が主格に立つ…

②右と同じく他動詞につき、その他動詞の目的語が目的格に立つ場合のもの…③動作・作用の利害関係、主として被害・迷惑の意味を表わすもの。自動詞につく。

（『日本文法大辞典』1981：46）

『日本文法大辞典』では、日本語の受身を動詞の相の一つとし、「受動」とも言うとしている。また、受身表現は、自分ではなく必ず他からの動作や作用を受け、影響をこうむるという表現であり、他動詞にも自動詞にも可能であるとしている。ただ、他動詞の場合は、他動詞の目的語が主格に立つか、目的格のままに立つかにより、二つに分けられる。それに対し、自動詞の場合は、被害・迷惑の意味を表わすと述べている。

2）『国語学大辞典』

『国語学大辞典』では、「受身表現」について下記のように述べている。

動詞が相（voice）の一つである受動相（受動態とも）をとり、「ある事物がその動詞の表わす動作の影響を直接間接に受ける」の意を表わしたもの。

（『国語学大辞典』1980：60）

つまり、『国語学大辞典』では、受身を相、或いは態と称し、受身表現は、ある事物が動作の作用に直接または間接的に影響を受けることを表す表現であるとしている。

3）　寺村秀夫『日本語のシンタクスⅠ』

寺村（1982）は、「受身というのは、要するに、動作・作用の主体が、他の何ものかに働きかける場合に、動作主、つまり動きの発するところを主役とするのでなく、動きをうけるもの、動きの向う先を主役として事態を描く表現であるが、それが文法的に受動態と認定されるためには、（それぞれの言語で）一定の形態的、統語的、意味的特徴を具えていなければならない」と述べている。

また、寺村（1982）は、「羊が殺サレタ」のような受身を「直接受身」、「（私は）父ニ死ナレタ」のような受身を「間接受身（迷惑受身）」と呼び、受身を「直接受身」と「間接受身（迷惑受身）」の二つに分けている。この「直接受身」と「間接受身」の区別を自他動詞の弁別の決め手とし、「直接受身の構文を作り得る動詞を『他動詞』とする」と述べ、「部屋ヲ出ル」「階段ヲ降リル」のようなものは、「～ヲ～スル」という形をとっているが、「直接受身」にはならないから他動詞とは認められないとし、自他動詞の分類の基準にしている。（寺村 1982：89）

つまり、寺村は日本語の受身を「直接受身」と「間接受身（迷惑受身）」の二つに分け、「直接受身」になる動詞を「他動詞」としていることが分かる。

4）『日本語基本動詞用法辞典』（以下『日典』と略する）(1989)

『日典』では、受身を「直接受身」と「間接受身」の二つに分け、次のように述べている。

> 直接受身（直接受動）とは、能動文中に存在している非ガ格の必須構成要
>
> 素（その動詞を使って文を作るとき最低限必要になる要素）をガ格成分に、
>
> ガ格の必須構成要素を非ガ格成分に転換した受身文である。

……

間接受身（間接受動）とは、元の動詞の表す動き・事態の成立に加える必

須構成要素としては含まれようのない第三者をガ格成分にしたものである。

（『日典』1991：xxiii-xxiv）

つまり、『日典』では、直接受身（直接受動）とはガ格の必須構成要素を非ガ格成分に転換した受身文であり、間接受身（間接受動）とは，能動文に必須構成要素としては含まれようのない第三者をガ格成分にしたものであると定義していることが分かる。

5）　日本語の受身の定義のまとめ

以上のように、日本語の受身は、他動詞の目的語を主語とする西洋語の受動態と違い、他動詞だけではなく、自動詞にも受身ができ、他動詞の目的語をそのままにした受身文もできるということである。さらに、日本語の受身は概ね「直接受身」と「間接受身」の二つに分類される。これに対し、西洋語、或いは印欧語では直接と間接というような二分類はなく、自動詞の受動表現もないことが分かる。これらの点で、日本語は西洋語より複雑な表現体系であると言えよう。

2.2　日本語の受身名称の変遷

受身表現に関する研究はロドリゲス（1604-1608）、富士谷成章（1778）など古くからなされてきた。現在一般的に使われている「受身」という名称は、大槻文彦が 1890 年に『語法指南』の中で提出したものであり、この「受身」という名称に至るまで、下記のように研究者により様々な名称が用いられている。

まず、本居宣長は、『てにをは紐鏡』(1771)における欄外注記で「此るは 所(ラル)にて所(ル)レ知(シラ)所(ル)レ言(イハ)などなり」と述べている。つまり、本居宣長は受身を「所」と称している。同時代の富士谷は『あゆひ抄』(1778)で、受身を「被身」(るみ)と称している。その後、柴田常昭は、『詞つかひ』(未刊)[4]で受身の「る、らる」を「所語」と名付けている。また、明治時代の田中義廉は『小学日本文典』(1875)(巻三)で、受身を「受動」として扱い、中根淑は1876年の『日本文典』で受身に関しては「逆用動詞」と名付けている。物集高見(1878：26-28)は『初学日本文典』の上巻で、受身を「受動活辞」としている。高津鍬三郎は『日本中文典』(1893)で、受身動詞を「被動詞」と名付けている。

大槻文彦は、『語法指南』(1890)で、日本文法を西洋文法と比較し、受身について以下のように述べている。

> Voice、ハ口氣ト譯スベクシテ、辭書ニ據レバ「動詞ノ一種ノ變體ニシテ、以テ文主ト動詞ノ動作トノ関係ヲ指別セシムル別體ナリ、」トアリ、此口氣二様ニ分レテ、能相(ハタラキカケ)(Active)所相(ウケミ)(Passive)トイフ…
>
> (『語法指：日本文典摘録』1890：33)

即ち、大槻(1890)は、「Voice」を「口氣」と訳し、それを「能相」と「所相」の二種に分けている。「能相」を「ハタラキカケ」、所相を「ウケミ」と称し、それに対応する日本語とし、動詞に助

4　柴田常昭(1792～1796)。宣長の『活用言の冊子』を基にして、独自の活用体系を樹立しようと試みた書物に、柴田常昭の『詞つかひ』(『詞の小車』『詞つかひ真櫛抄』とも)がある。1792年に宣長の校閲を受けた時には一応の体裁にまとまっていたらしいが、1796年に没してしまったために、未完了に終わっている。また、柴田常昭は受身の「る、らる」を「所語」と名付けていることが分かる。『研究資料日本文法②』(p 114)。

動詞「る・らる」を添えて所相（ウケミ）を表すと述べている。

大槻文彦の後、三矢重松は「被役相または受身」（『高等日本文法』1908）、松下大三郎は「被動」（『標準漢文法』1927）という言葉を用いている。これ以外の殆どの研究者は、「受身」という名称を使っている。

ここで見てきたように、現在、日本語でよく使われている「受身（ウケミ）」という名称は、大槻文彦が 1890 年で『語法指南』から提出したものであり、その後、徐々に用いられるようになったものである。

上記の日本語の受身名称の変遷についてまとめてみると、以下の表 2-1 のようになる。

表 2-1　日本語の受身名称の変遷

著者及び著作の出版年	名称
本居宣長（1771）	所
富士谷成章（1778）	被身
柴田常昭（不明）	所語
田中義廉（よしかど）（1874）・柴谷方良（1972・1978）	受動
中根　淑（1876）	逆用動詞
物集高見（1878）	受動活辞
高津鍬三郎（1893）	被動詞
大槻文彦（1897）	所相・受身
山田孝雄（1908）	受身
三矢重松（1908）	被役相・受身・所相
松下大三郎（1927・1928・1930）	被動
佐久間鼎（1936）	被動・受身
三上章（1953）、橋本進吉（1941）、時枝誠記（1950）、鈴木重幸（1972）、寺村秀夫（1982）、久野暲（1983）、工藤真由美（1990）、角田太作（1991）、益岡隆志（1991）、三原健一（2000）、仁田義雄（1997）、北村よう（2008）など	受身

2.3　日本語の受身表現の分類に関する史的研究

2.3.1　明治以前の研究

日本語の受身に関する研究で最も古いものは江戸時代初期のロドリゲスの『日本大文典』(1604 ～ 1608) であろう。ロドリゲスは、その中でいわゆる直接受身の用例としては、次の一例のみを挙げ、これはヨーロッパの受動と同じであると述べている。

「Feiqeua macotoni Tentǒcara fanasaretato miyete gozaru.
(平家は誠に天道から放されたと見えてござる。)」

しかし、その他の用例としては、「Cauauo fagaruru. (皮を剝がる) Cubio vtaruru, 1, faneraruru.[5] (首を討たるる、又は、刎ねらるる) などの7例を挙げているが、全ていわゆる身体部位における受身であり、しかも、表面上の主語は「ハ」格や「ガ」格ではなく「ヲ」格で表されていることが分かる。また、これらの用法を見ると、全て現代における「間接受身」或いは「被害・迷惑の受身」であることが分かる。ロドリゲスがこのような「間接受身」或いは「被害・迷惑の受身」を取り上げた原因を考えてみると、日本語には本来無情物を主語した受身は存在していないが、印欧語話者であるロドリゲスは、母語の受身の特徴である無情物を主語とした受身の用例を探し、これらの用例に辿り着いたものと思われる。しかし、これらは現代語の「間接受身」或いは「被害・迷惑の受身」に当たることが分かる。そして、これらの隠れた主語は所有者である有情物（人）であり、「ヲ」格で表される表面上の無情物の主語はその隠れた有情物の所有物（体の一

5　原文のまま。

部）を表していることが分かる。これが後の「所有物の受身」に当たるものと思われる。

次に、挙げられるのは、本居宣長の『てにをは紐鏡』(1771) と富士谷成章の『あゆひ抄』(1778) であろう。

宣長の『てにをは紐鏡』は動詞活用の一覧表である。その「る」に関して欄外の注記で「此る(○)は所(ラル)にて所(ル)レ知(シラ)所(ル)レ言(イハ)などなり」と述べている。このように注を付すのみで、宣長は受身の「る・らる」を「所」という言葉で記し、他には特に述べていない。

富士谷の『あゆひ抄』(1778) では、「あゆひ」を「属（たぐひ)」「家」「倫（とも)」「身（み)」「隊（つら)」の五種類に分類し、名詞に接続するのは「属（たぐひ)」「家」とし、名詞に接続せず、活用語に接続するのは「倫」「身」「隊」としている。また、「身」を意味上から 12 種に分類している。さらに、「九、被身」(るみ) という章で受身表現について述べている。富士谷は、ここでの「何る」「何らる」の二つに分け、「何るは靡なきことばをうく」とし、「何らるは靡あることばをうく」としている。

富士谷が「あゆひ抄」「装図」などで「何る」「何らる」を取り上げた。「何る」、いわゆる動詞の能動形を表し、「何らる」は、動詞の受動形、即ち受身形を表しているものと考えられる。富士谷はこの二形の意味は同じであるとし、いずれも「里」としている。そして、「何らる」は「わざと思ひかまへてなすにはあらず」と述べている。即ち、「何る」が「思ひかまへてなす」ものであり、いわゆる意志的な働きかけを表すものであるのに対し、「何らる」は、意志的な働きかけをなすものではないということである。また、富士谷は「何らる」を「おのずからなりゆくをいふ詞也」としている。即ち自然になりゆくもので、自発・可能を指しているものと思われる。また「つねのたたるといふ」と述べているが、この「たたる」の意味は受身を指しているものと思われる。また、「いささかかしづきでいふ詞也」と述べているが、これは一種の敬意表現。即ち、尊敬を表しているものと思われる。これらを見ると、富士谷は「被身」について、いわゆる受身形の四つの用法「受身」「可能」「自発」「尊敬」を既に全て指摘していることが分かる。

本居春庭は『詞通路』(1832) で、本居宣長の考えを発展させ、動詞を自他の用法から六段に分けている。その中、第五段は「おのづから然せらるゝ」であり、自発表現としている。第六段「他に然せらるゝ」は受身表現に関するものであると思われる。

幕末のオランダで、シーボルドに師事したホフマンが (1857)(1868)『日本語文典』を出版している。これらの著書はホフマン自身が研究したものではなく、当時の長崎出島の商館長クルチウスから依頼され、ホフマンがまとめて出版したものである。ただ、そこに取り上げられている受身に関する見解は受身形から可能動詞の発展の段階の仮説など、現代から見ると、あまり納得させられるものではない。

2.3.2　明治時代からの受身研究

1) 受身の主語の有情性と無情性という観点

2.1節で、既に述べたが、『日本文法大辞典』(1981) では、ヨーロッパの受動文では、無情物でも受身の主語とすることが可能であるのに対し、日本語の受身文では、無情物ではなく有情物を受身の主語とするのが日本語固有の使い方であり、無情物を主語とする受身表現は西洋語からの影響であると述べている。

日本語の受身の主語の有情性・無情性について初めて論じた研究者は物集高見である。物集高見は、『物集高見全集』第三巻一

『日本文語』[6]の中で、受身の主語について、「受動は、其の業作を受くる者、生氣ある者（有情物）[7]にあらねば適はずと雖も、間接の他者は、所有者として見はるゝをもて、共の所有に属する事物には、生気なき者（無情物）も用ひられ、」と指摘し、「彼の農夫は、畑を、犬に荒らされたり、」という実例を挙げている。ここの「生氣ある者」というのは、「有情物」のことであり、「其の業作を受くる者」というのは、受身文の主語、即ち動作の受け手であると考えられる。従って、動作の受け手が有情物なら全て受動文ができるが、間接の場合は、無情物でも「共の所有に属する事物」、即ち、その所有者が人である場合は、受身文が可能であると述べている。また、「所有者」という言葉で、「此の態」即ち間接の態の受身は後ほど述べる松下（1928）の「所有者受動」と鈴木（1972）の「持ち主の受身」と同一のものと考えられる。さらに、物集は「此の態にては、其の所有者には、時としては、生氣なき者も、人に象られて見はる事あるなり」と述べ、「山は、木を伐（か）らる、」のような擬人的な例も取り上げている。

以上のことから、物集は、「直接の態（直接受身）」の主語は有情物でなければならないが、「間接の態（間接受身）」の場合には、有情物でも無情物でも可能だと考えていることが分かる。

また、山田孝雄（1908：373）は、日本語の他動詞の中には、受身が構成できないものがあると述べ、それは「非情物がその補充たる時に限らるゝなり。若有情物ならば直に之を転換しうべき」と指摘している。例えば、「Die Bruche ist von meinem

6　『物集高見全集』：『日本文語』の出版年度は不明であるが、物集高見の息子物集高量による、1934年に刊行された物集高見の遺作であるという。物集高量の例言（本書は、二十餘年前の著にて…）によると、首巻から四巻まで、少なくとも1914年以前の著作であることが分かる。また、古田東朔の『日本語　近代への歩み　国語学史〈２〉』（2012）によれば、『日本文語』は明治初期のものであると述べている。

7　（　）内は筆者。

Freunde gebaut worden」を日本語に翻訳する際、「かの橋は我が友人に作られたり」とすべくもあらず、「かの橋は我が友人作りたり」という能動詞文にしなければならないと述べている。

西洋語では無情物も受身文の主語とできるのは、「非情物に人格を與へたるものなればかへりて一層進みたる精神的なものならむ」からであるとし、無情物の擬人化によるとしている。そして、日本語においても「非情物を擬人視する時は直に受身の文の主體となしうるべき」と述べ、しかし、「かれの如くいつにても無差別に擬人視するが如き比にあらず」と西洋語とは異なるとしている。即ち、日本語においても有情物を擬人化し、主語とした受身文は存在するが、西洋語の比ではないと述べている。また、山田（1908）は直ちに、日本語には、「擬人視せられざる非情物にしてしかも受身の文の主たること古来其の例二三にあらず」と指摘、「まことにこぼるれはけさうしたる顔もみな洗はれて、いかにみくるしかるらん」（枕草子、七）などの例を挙げ、それを「他の観察者より見たる状態なり」とし、受身には二種の観察点があるとしている。「一は、動作作用の影響を受くる其自身より見たる受身、一は傍観者ありて一の動作作用の影響をうくる其状態を見たる場合の受身」とし、「確に非情物甲が乙なる者の影響をうけてありと吾人が認めたる時には又受身の地位に立てりと思惟しうるによりてこヽに受身の文は成立するなり」と述べている。つまり、無情物が誰かから影響を受けていると我々がはっきり認めた時には受身文が成立するということである。

以上のことから見ると、山田は、日本語では主語が有情物である場合、他動詞にも自動詞にも受身文ができ、また、西洋語の影響で無情物が擬人化された時には、主語として受身文も可能であるとしていることが分かる。さらに、山田は、無情物を主語とする受身は古来日本語にもあると述べ、「純然なる状態にして所謂他動詞に對する」、傍観者の視点からその主語である無情物がその動作を受けている状態を陳述する時受身文ができるとしている。つまり、傍観者としての観察者がある無情物が確かに他から影響を受けていると観察される時は可能であるということである。

三矢重松（1908）は、一方、無情物の受身として「我賊に金を盗まる」や「罪人吏に手に手枷をはめらる」の例を挙げ、その主語、即ち「被役相の主」は「我」「罪人」であり、「金」「手枷」ではないと指摘している。そして、「我が金賊に盗まる」「手枷吏に罪人の手にはめらる」というように言えば言えないこともないが、「非情の物の受身となるは特別の事なり」と述べ、「受身は有情のもの、特に人或は人に擬し得べき物が消極的に他より動作を被る場合、特に迷惑する場合に用うるを最普通なる方法」とし、無情物の受身は、擬人化された物が他から消極的に動作を受ける場合と迷惑する場合に用いられる最も普通の方法としている。

また、「コロンブスに發見せられたる亜米利加」と「スマイルスの自助論は中村敬宇氏によりて翻訳せられたり」という文の場合、西洋語では受身であるが、「我が國語にては然らず」とし、「近年は西洋式の受身が随分廣く行はれ」と西洋からの影響の結果であるとしている。その例として「書生に愛読せらるゝ小説」「書生に歓迎せらるゝ辞書」「日本人に消費せらるゝ米の高」などを挙げている。三矢（1926）は、これらの無情物の受身については「許容せらるべけれど、純正なる国語の語脈にあらざるを忘るべからず」と述べている。

また、松下大三郎（1928：353）[8]は、日本語の被動の主体は、「皆人格が有る。利害を感ずるといふ意味に於て人格が認められて居る」とし、「歐洲語などの被動は一般的被動であって利害の

8　松下大三郎：『改選標準日本語』（1928）p 353。

意がないから何物でも被動の主體[9]となるが、日本語では無生物は特に人格を附興して考へない限りは被動の主にしない」とし、「『月が人に見られる』『水が人に飲まれる』などといふと擬人であるから可笑しく感ぜられる場合が有る」と述べ、「人格的被動は必ず利害の意が有るから利害的被動と云っても善い」と論じている。即ち、無生物[10]は擬人化以外に日本語受身の主語（松下は、被動の主）にならないと述べている。

佐久間鼎（1936：210）は、この松下の観点を受け、「日本語での建前としては、主格に来るものが人間あるいはそれに準じる動詞その他の『有情』の者かぎられる」とし、日本語の「本来のうけみ」の主語は「有情」でなければならないと強調している。また、「無生物」（無情物）である場合「こういうあつかいをうけることは普通のことば使いとしては通用しない」とし、「この橋は、今から三十年前かけられたものです」「あの建物はアメリカの建築家によって建てられた」のような言い方は、「このごろでこそめずらしくないものになっていますが、日本語では本来的でない（日本語らしくない）、西洋語の直訳という感じを与えます」としている。「抽象的な事がら」などについても、「多分に外国語の影響をうけて次第にひろまったもの」とし、「もっとも、擬人的ないい廻しも時としては気持ちをノンビリさせます」と述べている。

従って、佐久間は、有情物の受身が日本語の本来の受身であり、無情物の受身は外国語からの影響を受けたもので、日本語固有のものではないとしていることが分かる。

三上章（1953：106）は、日本語においては、無情物の中でも、「天然現象は非情オノヅカラの側だが、風雨雷鳴など動き大きいものは容易にアニメイトされ擬人化されて能動詞に近づいて行

9 下線は筆者。
10 本論文では無情物。

く」という原因で、受身が作れるが、それ以外の無情物には、受身が成立できないと指摘している。

さらに、石川守（1991）は、日本語の本来の自然な受身は「人（有情者）から人（有情者）への他動詞で，人（有情者）が主語となった場合」であるとしている。また、石川は「『人（有情者）から物への動作』を表す他動詞の受身は，本来の受身ではなく，自動詞における松下大三郎の『利害の被動』，三上章の『はた迷惑の受身』のようになってしまう」と述べ、物に対する動作の受身は本来の受身ではなく、「被害・迷惑の受身」であると指摘している。また、自動詞の受身文について、「この自動詞の受身は『雨に降られた』『風に吹かれた』『吹雪に吹かれた』などの直接自分に及ばされる作用を除いて、『人（有情物）と無情物』の関係に関しては一般的に成立しない」と述べている。

一方、石川は、「近代の西洋語の影響によって物を主語とした『あの建物はずいぶん昔に建てられたらしいよ。』とか『この歌は外国でもけっこう歌われているよ。』といった受身表現が現在では定着したものとなっている」と述べ、これは「歴史的な事実」、「社会一般の流行や習慣・風習」、「社会的な行事」、「抽象的な内容、特に書き言葉」など非個人的、非日常会話的な場面にしか用いられていないと指摘している。つまり、石川は、松下、三上などの観点―「本来の日本語の受身は有情物と無情物の間の受身表現である」を受け継いだ上で、社会的、歴史的など非日常場面の場合、物を主語とする直接受身文も可能であると指摘している。以下がその関係を示した図 2-1 である。

人（有情物）から人（有情物）への他動詞 → 本来の受身

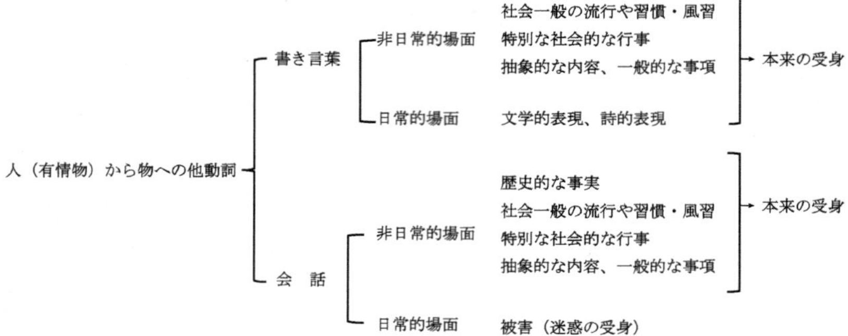

物から人への直接作用の他動詞（直接、物や身体に作用する場合）→ 受身（被害性がある場合とない場合があるようだ）

自動詞
- 直接身体に及ぼされる自然現象 → 受身（被害性がある場合とない場合があるようだ）
- 人（有情物）の動作など → 被害（迷惑）の受身

所動詞 → 受身とならない

図 2-1 石川の受身表現

（石川「自動詞と他動詞の用法について―『人と視点』と『物の視点』に関して」1991）

以上見てきたように、多くの研究者は、日本語においては、本来無情物を主語とする受身はないとしていることが分かる。これについて、初めて明確に指摘したのは山田孝雄（1908）である。その後、三矢（1908）、松下（1928）、佐久間（1936）、三上（1953）、石川（1991）など殆ど全ての研究者が指摘し、また、無情物の受身が様々なところから見られるが、それらは西洋語の影響によるものであると述べている。

2） 受身の直接・間接という構造的な観点

明治時代に入り、本格的に日本語の受身について研究したものは物集高見の『初学日本文典』（1878）、『物集高見全集』（1934）であろう。

物集高見は、国語学者で、1847年に生まれ1928年に没している。物集は『初学日本文典』(1878) の上巻で、受身を「受動活辞」として扱っている。また、『日本文語』(1934) [11] では、日本語の受身表現について詳細な分析を行っている。『日本文語』で以下のようにその用法についてまとめている。

物集は『日本文語』[12] で、受身を受動と称し、受動とは「他の業作を受けていふ辭にして、此の辭は、固有に、其の形を具へたる者なく、自他、両性の、能動尾辞のらるを加尾せらるゝに依りて成る者なり。されば、直接、間接の両態あり [13] て」とし、「受動は専ら、他動より来たると雖も、自動も、對動に用ひられたるは、間接の態にては見はるゝ事あるなり。(彼の女は、其の子に泣かる、)(昨日の祭禮は、雨に降られて止みたり、)」と述べている。ここに見られるように、他動詞だけではなく、自動詞も受動が可能であり、さらに、受動態には、直接の態と間接の態があり、自動詞の受身表現は「間接の態」に属することが分かる。また、物集はこの「直接の態」と「間接の態」について、「直接は、直に、其の業作の、其の人に歸する者にして、(子は、親に愛せらる、) 間接は、其の業作の他者に歸する者なり。(彼の童部 [14] は、其の犬を打たる)」と説明している。

従って、ここで取り上げている「子は、親に愛せらる」という例は「直接の態」であるのに対し、「彼の女は、其の子に泣かる」と「昨日の祭禮は、雨に降られて止みたり」という例は「間接の態」の中の自動詞の受身であり、「彼の童部は、其の犬をうたる」と「彼の農夫は、畑を、犬に荒らされたり」という例は「間接の

11　注８を参照する。
12　『物集高見全集』第三巻『日本文語』p 32。
13　下線部は筆者が付けたものである。
14　「童部」は「童 (わらべ)」のことと思われるが、原文のまま。

態」の中の他動詞の間接受身或いは被害・迷惑の受身であることが分かる。

ここに見てきたように、初めて構造的な観点から、日本語の受身を「直接」と「間接」（物集は「直接の態」と「間接の態」だとしている）の二つに分けた研究者は、物集高見であることが分かる。また、既に述べたように、物集は、直接の態（直接受身）の場合、主語が有情物でなければならないが、間接の態（間接受身）の場合には、有情物でも無情物でもできるということを指摘している。

物集の受動態についての見解をまとめると、図 2-2 のようになる。

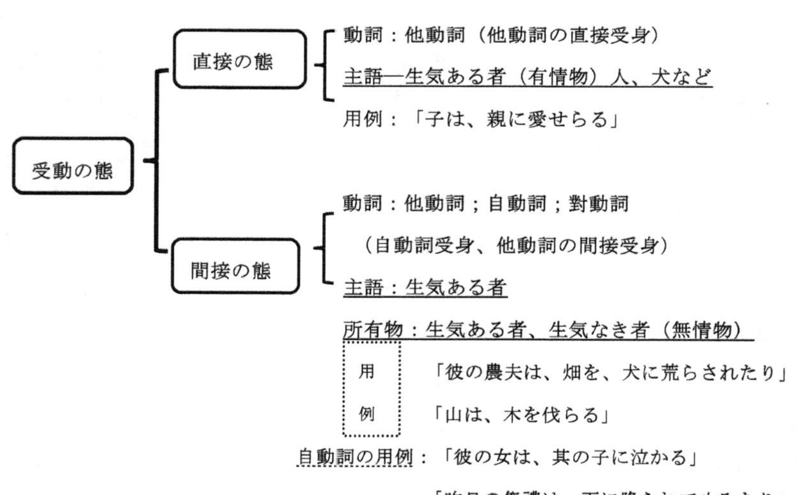

図 2-2　物集高見の受身表現

また、大槻文彦は『語法指南』(1890)、『広日本文典』(1897) を出版し、日本文法に欧風の文法概念を持ち込んだ最初の人物である。大槻は、『語法指南』(1890) の中で、所相（ウケミ）

(Passive) という表現を用いているが、これが「ウケミ」という用語と用いた最初の例ではないかと思われる。

大槻の説をまとめると以下のようになる。

	能動文	受身文
無対自動詞:	妻、病む。	夫、妻に病まる。
	子、泣く。	母、子に泣かる。
有対自動詞:	賊、吾が家に入る。	我、賊に吾が家に入らる。
	相手、吾が前へ向かふ。	我、相手に吾が前へ向はる。
単対他動詞:	甲、乙を殺す。	乙、甲に（已レヲ）殺さる。
複対他動詞:	源氏、其兵を鵯越へ廻す。	平家、源氏に其兵を鵯越へ廻さる。

図 2-3　大槻の受身表現

ここに見られるように、大槻は、動詞を自他動詞に分け、また自動詞を「無對・有對」、他動詞を「單對・複對」に分けている。しかし、これらの「有對・無對」は現在のよく使われる「有対・無対」とは異なり、何らかの対象の有無を表しているものであり、他動詞の「單對・複對」とは、動詞の目的語の数が複数であるか単数であるかのことを指していることが分かる。これらの例を見て分かることはいわゆる通常の受身、即ち、直接受身を表しているのは単対他動詞の「乙、甲に（已レヲ）殺さる。」のみであり、他は全て間接受身或いは被害・迷惑の受身であることが分かる。ただ、大槻は両者を全く同じものであると思っていた可能性がある。

チェンバレンは、『日本口語文典』(1898) を出版し、「英語の受け身の動詞の多くは、日本語の自動詞によって翻訳される」と述べ、英語の受動態の十中八九は、日本語では自動詞、または主語のない能動態の構文に訳さなければならないとしている。さらに、日本語が受動構文を避け、「受動態より能動態を選択することが著しく多い」という特徴があり、その上「日本語には、一般に英語の受動態や、可能構文によって翻訳できる、多くの種類があるが、日本語の動詞自体が、正確に話すと、自動詞なのである」と受動態と日本語の自動詞との密接な関係について述べている。

また、山田孝雄は『日本文法論』(1908) で、日本語の受身は英語、ドイツ語などとは異なり、他動詞であっても受身ができるものとできないものがあるということと、逆に自動詞の受身もあると指摘し、日本語の受身と外国語とは根本的に異なるものだと指摘している。

さらに、山田は、『日本文法学概論』(1936 : 380) で、日本語においては受身文には二種あって、一つは主語が有情物である場合、他動詞にも自動詞にも受身文ができるとしている。ただし、他動詞の場合には主語が「直接に影響を蒙る」のに対し、自動詞の場合には主語が「間接に影響を蒙る」という違いがあり、また、西洋語の影響で無情物も擬人化されると主語として受身文が構成可能であるとし、さらに、主語が無情物である場合、「純然なる状態にして所謂他動詞に對する」、傍観者の視点からその主語である無情物がその動作を受けている状態を陳述する時に、受身文ができると述べている。

以上のことから、山田は物集高見の直接・間接という構造的な観点を受け継いでいることが分かる。しかし、物集の「間接の態」では、自動詞（彼の女は、其の子に泣かる）ばかりではなく、他動詞（彼の童部は、其の犬をうたる）のように「間接の態（間接受身)」が可能であるとしているのに対し、山田 (1908・1936) のほうは、自動詞のみが「間接受身」となるとしている。この点で、物集の見解はより詳しいものになっていると考えられる。また、山田（1908・1936）は、受身を分類する際、動詞の自他性より主語の有情性・無情性を優先的に着目していると言えよう。

山田の説をまとめると図 2-4 のようになる。

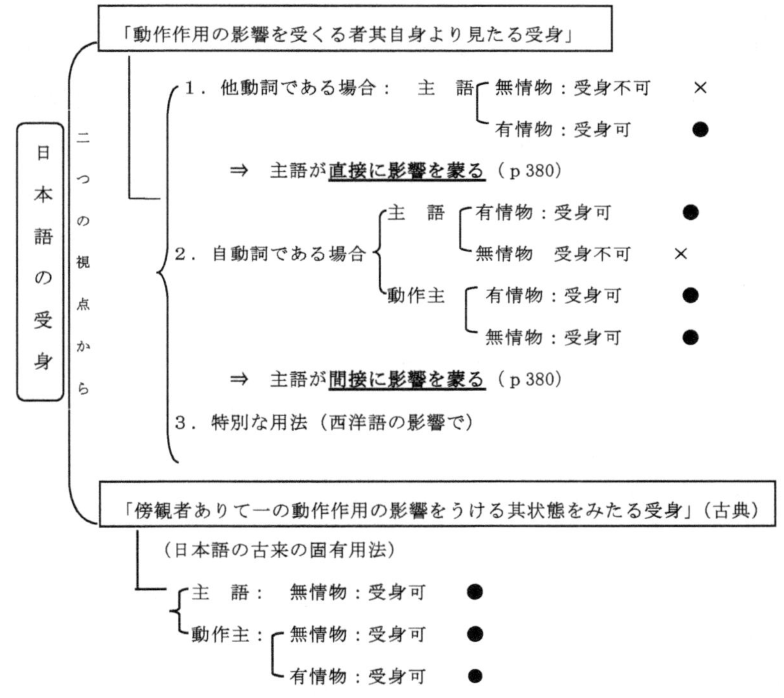

図 2-4　山田文法の受身表現

また、山田と同時代の三矢重松も、『高等日本文法』(1908) で、日本語の動詞の活用を「相」で表すとし、受身を「被役相または受身とも（所相とも）いふ」と述べ、「受身は有情のもの、特に人或いは人に擬し得べき物が消極的に他より動作を被る場合、特に迷惑する場合に用うる[15]を最も普通なる方法」であると

15　下線部は筆者が付けたものである。

し、「迷惑の受身」について触れている。「我賊に金を　盗まる」や「罪人吏に手に手枷を　はめらる」の例を挙げている。これは日本語の受身と迷惑の関係について述べた初めてのものであると考えられる。

また、三矢は、「我が金賊に盗まる」や「手枷吏に罪人の手にはめらる」などのような所有物の受身文は、言えないことはないが、それは「特別の事なり」と述べている。「近年は西洋式の受身が随分廣く行はれ」と西洋からの影響の結果であるとし、以下のような例を挙げている。

(1)　我が買はむとせし珍書人に買はれたり
(2)　われ我が買はむとせし珍書を人に買はれたり
(3)　某珍書某氏に買はれて主を得たるを喜ぶべし
(4)　われ大切の木を虫に食はれたり（文語）
(5)　私は大切の本が虫に食はれた　（口語）

三矢は、「(1) の被役相の主は『珍書』なるが如き外見なるが、多くは (2) の意義にて『珍書』は處置格、主格名詞は省かれたるなり (3) に至りて『珍書』が受身の主となるなり」と述べている。(5) の「口語にて『本が』の『食はれ』の主たること論なけれど、其の上に又『私は』といふ主もあることを思ふべし。されどかゝる區別明ならずして、非情をも受身にいふ轉換式なるも全然なきにはあらず」と無情物の受身文は、通常隠れた「私は」という主語があるとし、その迷惑性についても述べている。さらに、これらの無情物の受身については「許容せらるべけれど、純正なる国語の語脈にあらざるを忘るべからず」と指摘している。

また、三矢は、自動詞の受身についても論じている。三矢は、「事実に於いて動作を被るその動作は他動性ならざるべからず。

されば被役相は他動詞に附随する事論なけれど、間接に動作の影響を被る事は自動性にもあり[16]。我が國語はこの間接の影響を被るにも普通の被役相を以て表すこと、他動性に於けるに同じ、是國語の一特徴たり」と述べ、次のような例を挙げている。

① 母子に泣かる
② 我早く親に死なれて孤となる
③ 隣家に騒がれて安眠を得ず

三矢は、自動詞の受身について、動作の直接の影響はないが、間接にその影響を被るということで他動性と同様であると述べ、それを日本語の特徴としている。

従って、三矢は前述した物集高見の「間接」という構造的な観点を受け継ぎ、自動詞の受身表現は、動作の影響を直接ではなく間接に受けるものであると指摘している。

さらに、三矢は、日本語受身表現が「特に迷惑する場合に用うるを最も普通なる方法」という迷惑性があることも指摘している。即ち、三矢のこの観点は、上述した物集の主張を受けた上、受身の被害・迷惑性について詳しく分析していないが、受身の迷惑性を初めて提示し、次に述べる松下大三郎の「利害受動」という考えへと繋がっていくものであると考えられる。

3)　受身の被害・迷惑性という意味的観点

松下大三郎（1928）は、受身を被動とし、自動詞だけではなく他動詞に関しても「利害の被動」という意味的な観点を提起している。松下の『改選標準日本語文法』（1928）では、受身を「被

16　下線部は筆者が付けたものである。

動」と称し、「被動とは他から或は動作をされるのである。他物から其の動作を受けることを自己の形式的意義とし、其の受けた他物の動作を自己の動作の材料とした動作を表すものである」と定義している。また、「被動」を、「人格的被動、可能的被動、自然的被動」の三つに分け、「人格的被動は被動の主體を一人格（意志格）として取扱った被動」であり、「被動は他から被る動作であるから被動の主體が一人格である以上必ず利害を受けなければならない。利害を受けるといふことが卽ち人格として取扱ふことなのである」と論じている。ここに見られるように、被動の主体については、人格性及び利害を受けるということを強調している。例としては、以下のようなものを挙げている。

(1) 人、盗賊に物を盗まる。　(2) 妻、夫に捨てらる。
(3) 小僧、主人に信用せらる。　(4) 捨児、人に拾はる。
(5) 植木、蟲に枯さる。　(6) 兎、犬に捕へらる。

松下（1928）は、被動の主体なる「人、妻、小僧、捨児、植木、兎」は「皆人格が有る。利害を感ずるといふ意味に於けて人格が認められて居る」とし、「利害と云っても多くは害である」（例（1）、（2）、（5）、（6））であり、「中には有難迷惑なのもある」（例（3）、（4））と指摘している。

また、松下（1927：527，1928：354）は、「人格的被動」或は「利害の被動」を以下の四つに分け、それぞれ次のように述べている。

①「自己被動」：動作直接に自己（被動の主體）へ受けるのを云ふ

例：人盗賊に殺さる。

②「所有物被動」：動作を自己の所有物へ受け自分はその利害を受けるのを云ふ

例：人盗賊に物を盗まる。

③「所有物動作被動」：所有物その物（子）の動作を自己の利害として受ける

例：父、子に死なる。/ 妻夫に怠けらる。/ 主婦、下女に逃げらる。

④「他物動作被動」：他物の動作を自己の利害として受ける

例：雨に降られて家に籠る。/ 他人に成功される。/ 天気に続かれる。

即ち、①の「自己被動」は、現在の「直接受身」、②の「所有物被動」は、現在の「間接受身」の「持ち主受身」、③の「所有物動作被動」と④の「他物動作被動」は、現在の「間接受身」の「自動詞の受身表現」であると言えよう。ただし、前者③の場合には主語と動作主との関係は所有或いは所属関係であるが、後者④の場合には、主語と動作主が全く無関係ないことが分かる。また、松下は①の「自己被動」が「動作直接に自己（被動の主體）へ受けるのを云ふ」としている。つまり、主語（松下が「自己」としている）が動作作用の影響を直接に受けると考えられる。それに対し、②が「動作を自己の所有物へ受け自分はその利害を受ける」であるため、動作作用が直接に主語自身にしではなく、主語の所有物にかかり、所有者である主語は間接にその影響を受けると言えよう。また、③と④の場合には、それぞれ主語は、主語と所属関係にあるもの③とは全く関係ない他物④の動作或いは動作作用を「間接の被害」（1928）を受けるということであろう。従って、松下は日本語の受身について分析する際、まず文に利害性があると指摘した。次は「利害的被動」について下位分類する際に、松下自身は直接には言っていないが、受身の利害性とともに「直接・間接」という構造的な観点からも分析を行っていることが分かる。従って、松下は初めて明確的に意味的な観点から日本語の受身の全体像を分析した人物であり、意味的な観点と構造的な観点の両方から日本語の受身について分析した人物であると言えよう。

松下の見解を図にすれば、図 2-5 のようになる。

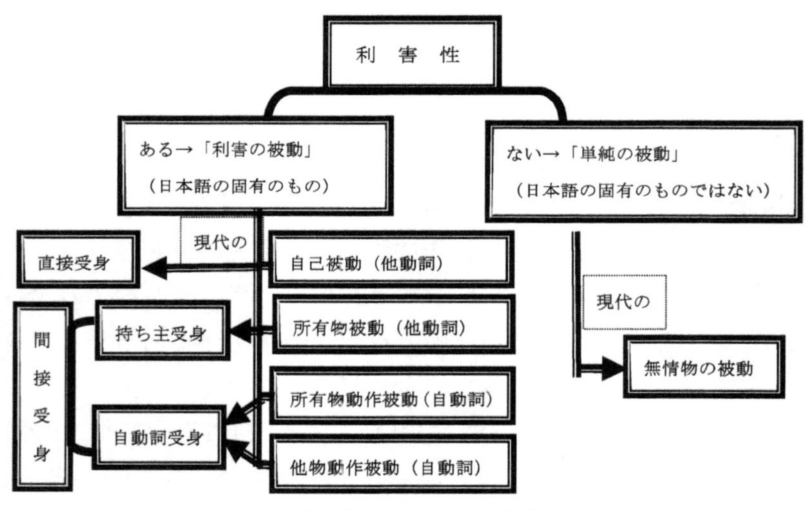

図 2-5　松下文法の受身表現

松下以後の研究者も、受身について分析する際には、ほぼ、この分類の範囲で分析を行っていると言えよう。岡田誠（2014）も「松下の分類が現代受身の論理的な分類の出発点を成すものである」と述べている。

松下は、受身の利害性の有無によって分類し、利害性のないものは日本語固有のものではないと指摘し、利害性のあるものの多くは「害」があり、時には「有難迷惑」もあると指摘している。

一方、その４つの下位分類についてはどれが「害」か、どれが「有難迷惑」かは説明していない。

佐久間鼎も、松下の観点を受け、「利害の受身」という表現を用いている。佐久間は『現代日本語の表現と語法』(1936) の中で、日本語の受身を「第一のうけみ」―「単純の被動」と「第二のうけみ」―「利害の被動 (うけみ)」の二つに分け、松下と異なり、「単純の被動」を日本語の「本来のうけみ」としている。また、「利害のうけみ」は自動詞でも他動詞でもできると述べている。佐久間は松下の「利害の被動」と「単純の被動」という表現を用いているが、内容は松下の見解とは異なっていることが分かる。

また、佐久間 (1936) も松下と同様に、「利害のうけみ」は「悪影響で困り、迷惑する場合の表現が圧倒的におおい」が、「好影響」の場合もあると述べている。例としては「文化勲章を授けられて光栄の至です」などを取り上げている。

以下は佐久間の受身の用法をまとめたものである。

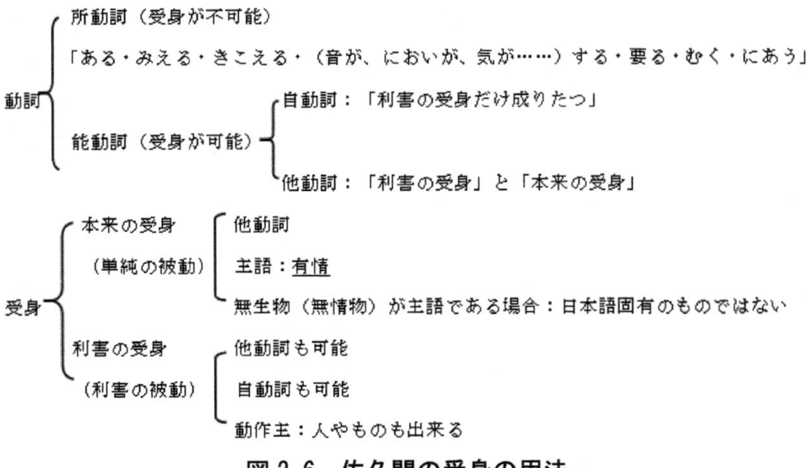

図 2-6　佐久間の受身の用法

その後、今泉忠義・宮地幸一は『受身の表現』(1950) の中で、松下が述べた「利害の被動」と佐久間が述べた「利害の受身」に対し、「迷惑の受身」という名称を付け、初めて「迷惑」という概念を導入している。

また、三上章は、『現代語法序説』(1953) の中で、受身について論じているが、その説は、松下文法と佐久間文法の「受身説」を継いだものであると自ら述べ、「はた迷惑の受身」と名付けている。三上 (1953) は、能動文の「甲が乙に丙を紹介シタ」という例を取り上げ、以下の二つに変形している。

A.　甲ニ乙ヘ丙ヲ紹介サレタ。

B.　己ガ甲ニ乙ヘ丙ヲ紹介サレタ。

三上は、このABを示し、「受身を作る際に変更されるのは主格だけだ」ということではないと指摘している。Aの主格が、「話手自身でも新しい飛び入り者でもよい」と述べ、また、例ABの受身文については、「嬉しいものは一つもなく、迷惑の感じが伴うものばかりである。私が調べた限りでは、例外なく迷惑である。それも真向から被害を蒙るというのではなく、はたにいる『己』が迷惑するという気持のものである。つまり、はた迷惑である」とし、例A、Bのような受身文を「はた迷惑の受身」とし、下記の例C、Dのような受身文を「まともな受身」と名づけしている。C、Dの方は、「動詞の意味次第で恩恵にも迷惑にもなり、まん中で平気なことも起るが、その迷惑にしても、はた迷惑ではなく、真向からの被害である」と述べ、それを「まともな受身」と名付けると説明している。

C.　乙ガ甲ニ丙ヲ紹介サレタ。

D.　丙ガ甲ニ乙ヘ紹介サレタ。

三上は動詞を所動詞と能動詞に分け、他動詞と受身ができる自動詞を能動詞とし、受身にならない自動詞を所動詞としている。また、受身を「まともな受身」と「はた迷惑の受身」の二つに分け、「まともな受身」ができる動詞を他動詞とし、「はた迷惑の受身」ができるが、「まともな受身」ができない動詞を自動詞としている。

三上の見解をまとめると、以下の図 2-7 のようになる。

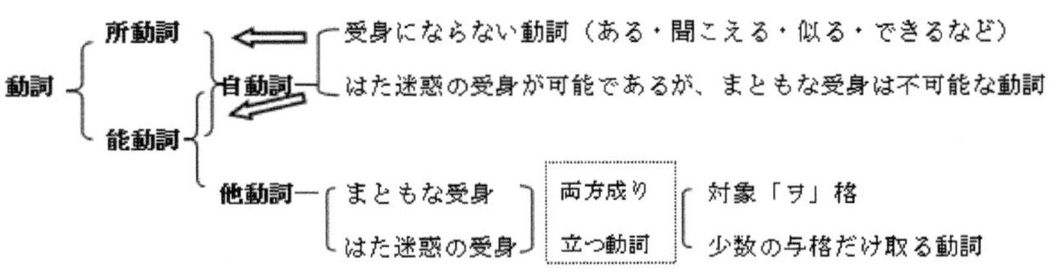

図 2-7　三上章の動詞の受身表現

また、寺村秀夫は、『日本語のシンタクスと意味Ｉ』(1982) の中で、「羊が殺サレタ」のような受身を「直接受身」、「(私は) 父ニ死ナレタ」のような受身を「間接受身 (迷惑受身)」と呼び、受身を「直接受身」と「間接受身 (迷惑受身)」の二つに分けている。この直接受身と間接受身の区別を自他動詞の弁別の決め手とし、「直接受身の構文を作り得る動詞を『他動詞』とする」と述べ、「部屋ヲ出ル」「階段ヲ降リル」のような表現は、「～ヲ～スル」という形はとっているが、直接受身にはならないので、他動詞とは認められないとし、自他動詞の分類の基準にしている。

寺村の説をまとめると、以下の図 2-8 のようになる。

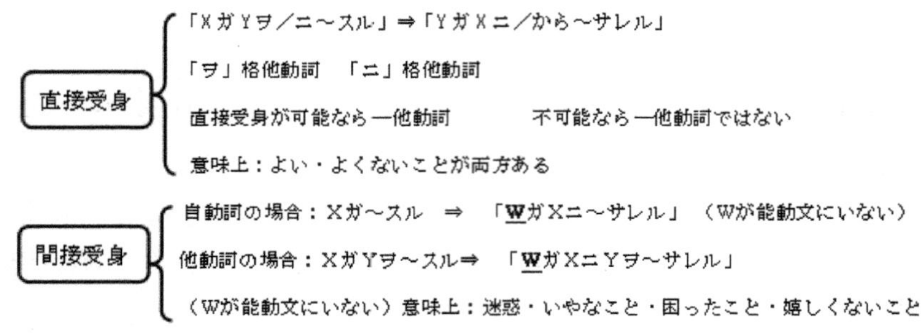

図 2-8　寺村の受身の表現

寺村で特に強調しなければならないことは、受身の分類に関して現在よく使用される「直接受身」と「間接受身」という名称である。ただ、この「直接」、「間接」という名称は、既に見たように寺村が初めて提唱したものではなく、物集高見が初めて使用し、山田孝雄、三矢重松がそれを受け継ぎ、用いていったものである。また、寺村は「間接受身」について「迷惑受身」と述べているが、これも三矢によって初めて提出され、松下によって明確にされたものである。

以上、見てきたように、現在、よく用いられている「直接受身」と「間接受身」及び「被害・迷惑の受身」という用語は、物集の「直接」、「間接」という構造的な観点に始まり、三矢が提出した「被害・迷惑」という概念の延長上にあるものと言えよう。

4)　構造的な観点と意味的な観点から見た受身のまとめ

以上、現在の日本語の受身研究でよく用いられている「直接受身」と「間接受身」、「中立受身」と「被害受身」という分類に至るまでの研究の流れと日本語の受身表現の特徴を明らかにした。この「直接受身」と「間接受身」という構造的な分類は、物集高見が初めて日本語の受身の研究に導入したもので、「被害・迷惑」

という意味上の分類は三矢に始まり、松下大三郎が初めて明確にしたものであることが分かった。そして、その後、寺村や他の研究も物集と松下の考えに沿ったものであると言えよう。

以上をまとめると、図 2-9 のようになる。

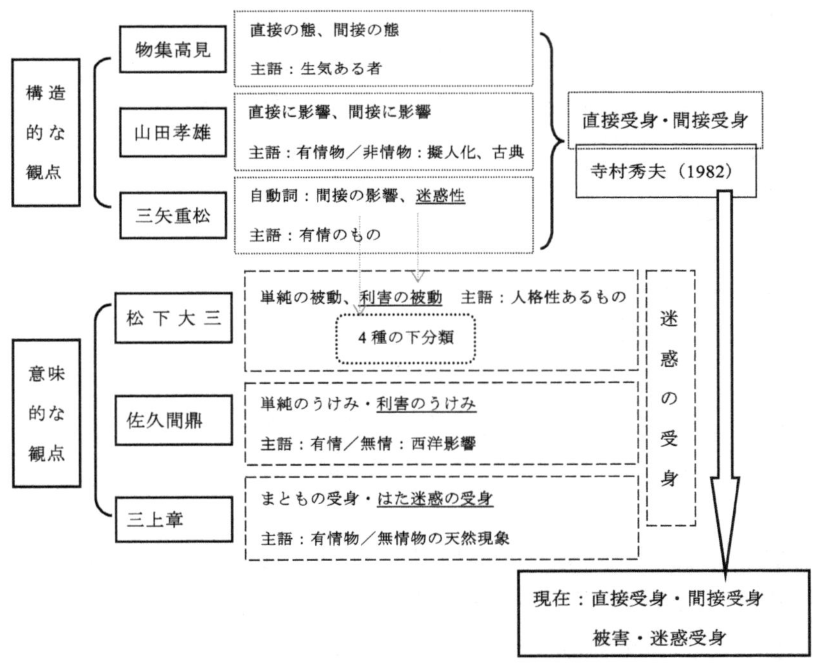

図 2-9　有情性、構造的な観点と意味的な観点から受身の分類研究

5)　構造的な観点と意味的な観点以外の分類

4) の「構造的な観点と意味的な観点から見た受身のまとめ」で提示した以外にも様々な受身の研究が行われてきた。鈴木重幸は、『日本語文法・形態論』(1972) で、「れる・られる」を接尾辞とし、能動文にもとになるたちばの動詞を示す動きの「直接対象 (～を)、相手 (～に)、持ち主 (～の～を)、第三者 (能動文

にいない～)」のどれを受身文の主語として表すかということにより、日本語の受身表現を「直接対象のうけみ」、「相手のうけみ」、「持ち主のうけみ」、「第三者のうけみ」の4種類に分けている。それぞれ以下のような例を挙げている。

能動文
「直接対象のうけみ」：二郎がさち子をなぐった。
「あい手のうけみ」：のら犬が太郎にかみついた。
「持ち主のうけみ」：スリが（太郎の）さいふをすった。
「第三者のうけみ」：雨が降った。

受身文
「直接対象のうけみ」：さち子が二郎になぐられた。
「あい手のうけみ」：太郎がのら犬にかみつかれた。
「持ち主のうけみ」：太郎がスリにさいふをすられた。
「第三者のうけみ」：ぼくは雨に降られた。

また、工藤真由美は『現代日本語の受動文』（1990：52）で、従来の直接受身、間接受身、被害・迷惑の受身を「当事者受動文」と「関係者受動文（不利益受動文)」に分け、「当事者受身文」に「直接受身文」と「間接受身文・持ち主受身文」を含め、「直接受身文」を「直接対象受動文」と「相手受動文」の二つに分けている。さらに、「間接受身（被害・迷惑の受身)」を「関係者受動文（不利益受動文)」としていることが分かる。以上のことを図2-10（次ページ）のようになる。

また、益岡隆志（1991）は、松下の見解を受け、まず、受身を大きく「属性叙述受動文」（ある対象について、その属性を述べる文）と「事象叙述受動文」（個別的な出来事を問題にする文)

の二つに分け、それに「事象叙述受動文」をさらに「受影受動文」（松下の「利害の被動」）、「降格受動文」（松下の「単純の被動」）と「属性叙述受動文」の三つに分けている。

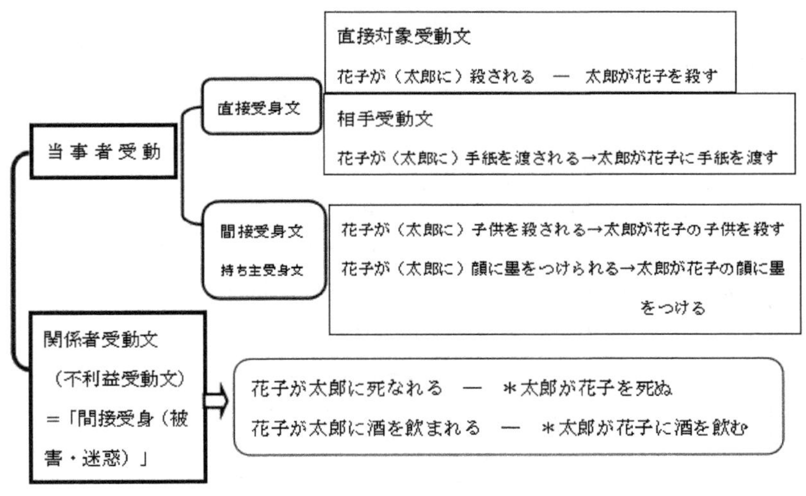

図 2-10　工藤真由美の受身表現の分類

近藤健二（2000）は、名詞の有生性（本論文では有情性）、無生性（本論文では無情性）と格助詞により、受身文を「求心型」「遠心型」と「中立型」の三つに分けている。

また、山田敏弘（2000）は、受身を表す形式「レル・ラレル」と持続を表すアスペクト形式「テイル」の組み合わせ方により、「(ラ）レテイル」受身を「ソトの受身」「テイラレル」式の受身を「ウチの受身」としている。

志波彩子（2009）は、受身文の主語及び動作主の有情・非情性に、受身を次の四つの意味・構造的なタイプに分類している。即ち「有情主語有情行為者受身文」「非情主語一項受身文」「有情主語非情行為者受身文」「非情主語非情行為者受身文」という四つのタイプに分けている。

仁田義雄（1997・2009）、日本語記述文法研究会（2009・2011）は日本語の受身を「直接受身」「間接受身」と「持ち主の受身」の三つに分けている。

以上の先行研究における日本語の受身の分類をまとめると、以下の図 2-11 のようになる。

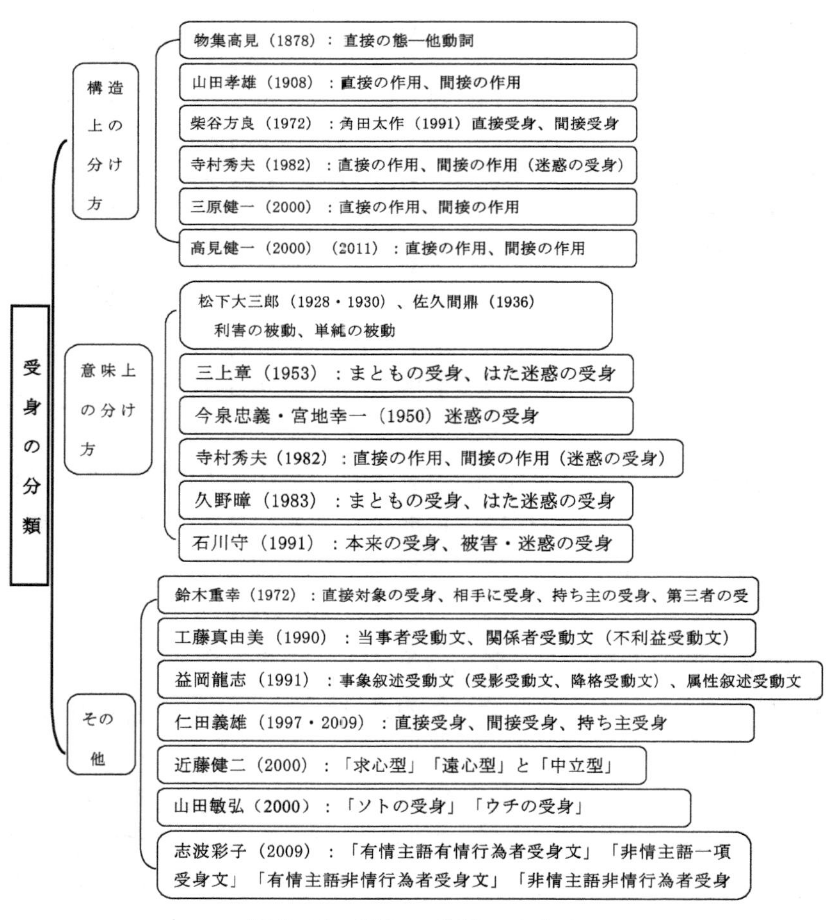

図 2-11　受身の分類のまとめ

2.4　先行研究から見る日本語の受身の特徴

2.4.1　有情物と受身

先行研究、及び図 2-9 から見る日本語の受身の特徴としては、まず、第一に無情物の受身がないということである。これについて、初めて明確に指摘したのは山田孝雄（1908）である。それ以後、三矢（1908）、松下（1928）、佐久間（1936）、三上（1953）、石川（1991）などほとんど全ての研究者が指摘している。また、現在、無情物の受身は様々なところで見られるが、それらは西洋語の影響によるものであると述べている。

2.4.2　被害・迷惑の受身及び間接受身

第二に、日本語の受身の特徴として「被害・迷惑の受身」或いは「間接受身」が挙げられる。この受身の典型は「太郎は父に死なれた」のような自動詞の受身である。この受身文の意味は、太郎という主語がその父が死んだということにより、被害・迷惑を受けたという「被害・迷惑の受身」であり、構造的には「間接受身」ということになる。

1）　日本語の自動詞受身表現の間接性

この「間接」という言葉は、既に述べたように物集高見が『日本文語』（19 世紀末）[17] で、初めて構造的な観点から受身を「直接の態」と「間接の態」に分け、自動詞受身は「間接の態」であると述べたことに始まる。

また、山田孝雄（1908）は、日本語においては受身文には二種あり、一つは主語が有情物である場合、他動詞にも自動詞にも受

17　『物集高見全集』第 3 巻（1935）所蔵。

身文ができるとしている。但し、他動詞の場合には主語が直接に影響を蒙るのに対して、自動詞の場合には主語が間接に影響を蒙るという物集の「直接」、「間接」という構造的な観点を受け継いでいる。また、自動詞受身表現は外国語にはなく、日本語の特殊な表現であると指摘している。

さらに、三矢重松（1908）は、自動詞受身について、「間接に動作の影響を被る事は自動性にもあり」とし、それが「國語の一特徵たり」と述べている。その上で、これらの自動詞受身文に「迷惑性」があると述べ、日本語受身表現に「迷惑」という意味的な観点を初めて導入している。三矢の観点は、物集の「間接」という構造的な観点を受け継ぎ、後の松下大三郎の「利害の受動」という考えへと繋がっていくものであると考えられる。

2） 自動詞の受身表現の被害・迷惑性

既に述べたように、松下大三郎（1928）は、受身を「単純の被動」と「利害の被動」の二つに分け、自動詞の受身表現には利害性あるとしている。また、松下（1927）は、受身の利害性について、「漢文」や「歐洲語」などの受身では「そんな被動を用ゐない」とし、自動詞の受身表現は外国語にはないと述べている。この松下の観点を受け、佐久間鼎（1935）も「利害のうけみ」という表現を用い、自動詞受身は「利害のうけみ」であると述べている。さらに、三上章（1953）はこれらを受け継ぎ、自動詞の受身を「はた迷惑の受身」としている。また、三上は自動詞の中にも受身ができるタイプとできないタイプ（「ある・見える・聞こえる・できる」など）に分類し、受身ができない自動詞を所動詞としている。その理由について、石川（1991）は、逆らえない自然現象を除いて（「雨に降られた」など。特別な擬人的表現）、日本語の自動詞受身は有情物と有情物との間でしか成り立たないと述べている。例えば、「昨日、友達に来られた」というような主語が「私」と動作主「友達」、即ち「有情物」と「有情物」の場合は受身文が成立するが、「彼は花に枯れられた」というような「人と物の関係」での自動詞受身は成立できない。

山田（1908）、三矢（1908）、松下（1928）などは、自動詞の受身表現を日本語の特有の表現としている。また、大河内（1982）、星（2011）、劉（2013）なども同様な見解を提出している。

これに対し、ホフマン（1868）は、日本語の自動詞受身表現はギリシャ語の中間態、ラテン語の形式所相動詞と似ていると述べている。また、金田一（1988・1999）は、中国語でもインドネシア語においても自動詞の受身ができるとしている。さらに、角田太作（1991）は、自動詞受身表現はドイツ語、ラテン語、トルコ語などにもあると指摘している。即ち、自動詞の受身表現は日本語特有の表現ではなく、他の一部の言語にもあると分かる。

第 3 章

感情動詞の受身表現及び分類に関する先行研究

3.1　感情動詞の受身表現—現在の問題点

第 2 章で既に述べたが、日本語の受身は構造上から見ると「直接受身」と「間接受身」の二つがある。「直接受身」は他動詞だけに成立できるのに対し、「間接受身」は他動詞にも自動詞にも成立できる。他動詞とは、普通「ヲ」格を持つ動詞であると考えられている。例えば、大槻（1897：67）は、他動詞に格助詞「ヲ」で目的語を示すとし、他動詞と自動詞は「ヲ」で弁別できると示唆している。また、松下（1928：261）も「他動性動詞が自己の動作の材料にする所の事物は『○○を』に由って表わされる」とし、「ヲ」格を持つ動詞を全て他動詞としている[18]。また、野村（1982:140）も「ヲ」格をとる動詞は他動詞[19]、取らない動詞は自動詞としている。即ち、一般的に「ヲ」格をとる動詞が他動詞だと思われる。

本章の研究対象である感情動詞には、「ヲ」格を持つ感情動詞

18　「道を歩く」「橋を渡る」などの動詞は松下に他動性動詞の中の「使用」動詞とされているのに対して、現在は移動動詞即ち自動詞とされているのが一般的である。

19　ここの「ヲ」格動詞は、「歩く」「登る」等の移動動詞を除く「ヲ」格動詞である。

「愛する・憎む・好む・嫌う・恐れる・惜しむ・尊敬する・軽蔑する・怪しむ」など他動詞と考えられるものと、「ニ」格を持つ感情動詞「感心する、感謝する、喜ぶ、安心する、惚れる、憧れる、驚く、おびえる、おろおろする、青くなる、酔う、うきうきする」など自動詞と考えられるものがある。

自動詞の受身は、既に述べたように本来意味上は被害・迷惑の受身となり、構文上は間接受身になるはずである。しかし、「ニ」格を持つ感情動詞の「感心される」「感謝される」「喜ばれる」などはいわゆる自動詞の受身表現であるにも関わらず、迷惑の受身ではなく、通常の受身となることが分かる。また、寺村（1982）も、「恋スル、惚レル、甘エル、アコガレル、タヨル」などの「ニ」格感情動詞は、「主として相手に対する心理的な動きを表すものである点」からすれば、直接受身が可能だと述べている。また、前章で述べたように、三上（1953）は、受身ができる動詞を「能動詞」とし、「能動詞」の中で、「まともな受身（直接受身）」が成り立つものを「他動詞」とし、そうでない動詞を「自動詞」とし、この矛盾を回避している。その後、寺村（1982）も同様に直接受身ができる動詞を他動詞とし、「ニ」格感情動詞の直接受身の成立の問題を回避している。さらに、三原（2000）も、直接受身ができる動詞を他動詞、できない動詞を自動詞としている。つまり、「ニ」格をとる動詞にも他動詞があり、「ヲ」格をとる動詞の中にも自動詞がある。

本章では、感情動詞の受身表現及びその分類についての先行研究を分析し、次の章でこの「ニ」格感情動詞の「直接受身（普通の受身）」成立の問題について論じていく。

3.2　感情動詞の受身表現に関する先行研究

感情動詞の受身表現について言及しているもので、最も古いものは鈴木重幸の『日本語文法・形態論』(1972) である。鈴木は、「おもう」「感じる」「おどろく」「しのぶ」などのような心理的な活動動詞を受身文にすると、「< 自然にその動作になる > というニュアンスがつきまとうことがある (いわゆる「自発」)」と述べている。例としては「みりんぼしをたべると, ふるさとの漁村がおもいだされる」という自発文を挙げているが、それ以上の記述はない。

感情動詞の受身表現について本格的に研究したのは、寺村秀夫の『日本語のシンタクスと意味Ⅰ』(1982) である。

3.2.1 寺村秀夫の見解

寺村の日本語の感情動詞の受身表現に関する見解を分析する前に、まず、寺村の日本語の受身表現を見てみよう。寺村は『日本語のシンタクスと意味Ⅰ』(1982) で、「ここでは、『羊が殺サレタ』に対して『誰カガ羊ヲ殺シタ』のように、『Y ガ X ニ〜サレル』が転じて『X ガ Y ヲ〜スル』という形にできるような受身を『直接受身』、そうでない『(私は) 父ニ死ナレタ』のようなのを『間接受身 (迷惑受身)』と呼ぶことにする」と述べ、受身を「直接受身」と「間接受身 (迷惑受身)」の二つに分け、その区別を自他動詞の弁別の決め手とし、「直接受身の構文を作り得る動詞を『他動詞』とする」と述べている。その基準に基づくと、「『部屋ヲ出ル』『階段ヲ降リル』のような表現は、『〜ヲ〜スル』という形はとっているが、直接受身にならないから他動詞とは認められないということになる」としている。また、この「働きかけ」の動詞[20]を次の三つに分けている。

20 寺村 (1982：88) は、「主体」と「対象」の関係を表す方法で、動詞を、「〜ヲ〜スル」型の「働きかけ」の動詞、「〜ニ〜スル」型の「対面」の動詞、「〜ト〜スル」型の動詞「相互動作」の動詞との三つに分けている。

(1) 誘拐スル、荒ラス、殺スなどのように、「動作主体が客体（Y）に働きかけ、客体がそれによって物理的、心理的に直接影響をうける」もの。直接受身で「Xニ～サレル」となる。このような客体を「受け手」とする。

(2) 見ル、聞ク、尊敬スルなどのように、主体の動作が直接客体に影響を与えるのではなく、「主体の、客体を目ざしての感覚、感情の動き」を示すもの。直接受身で「Xカラ／ニ～サレル」となる。このような客体を「目当て」と呼ぶ。

(3) （物語などを）書ク、（詩、音楽などを）作ル、（家ヲ）建テル、などのように、「動作の結果、これまでなかったあるものが出現する」「あるものを創り出す」行為を表わすもの。直接受身で、Xは「ニ」「カラ」ではなく、「ニヨッテ」か、あるいはそれに類する助詞に準ずる語を用いるほかない。このような客体を「作品」と呼ぶ。

（寺村秀夫『日本語のシンタクスⅠ』1982：91）

また、他動詞の中には対象を表す補語が「～ヲ」という形をとるものの以外に、「～ニ」という形をとるものもある」と指摘している。その「～ニ」格形の「他動詞」について、寺村（1982）は、ここの文型「XガYニ～スル」には、Yが場所性を表すYではなく、「空間に存在する個体である」とし、「Yは、Xの動きの向う対象を表わす。それをここで『相手』という名で呼び、この種の動詞の必須補語と考える」と述べている。そこで「ニ」格を使う理由について、寺村は、「意味的には、この，XのYに対する関係の仕方は、2.1.1の『働きかけ』と区別しがたい場合がある。『働きかけ』との区別は、日本人がこれらの動きの対象を『～ニ』で表わし、『～ヲ』と言わない、ということだけが理由である」と述べている。つまり、寺村はこのような「ニ」格と「ヲ」格の使い分け理由について、日本人がこのように使っているからとしている。

また、寺村は「X（仕手）ガY（相手）ニ〜スル」という文型には、少なくとも次の三つの種類がある」とし、以下のようにまとめられる。

(4) カミツク、シガミツクのように「〜ツク」という補助動詞のついた動詞、トビカカルのように「〜カカル」という補助動詞のついたもの、それに、反対スル、賛成スル[21]といった類の動詞を述語とするものである。これらの動詞は、直接受身ができる。「ヲ」格動詞のA類と似ている。
共産党ガソノ政府案ニ反対シテイル。
ソノ政府案ハ共産党ニ反対サレテイル。

(5) 恋スル、惚レル、甘エル、アコガレル、タヨルなどの述語とするものである。これらは、主として相手に対する真理的な動きを表すものである点で、直接受身にしたとき「Xニ」とも「Xカラ」ともなる。「ヲ」格動詞のB類と共通する。

(6) 直接受身化できない「Y（相手）〜スル」。寺村は、「これを第三のグループ（C類）とする」としている。「人ニ会ウ」「弾ガ彼ニ当タル」など

（寺村秀夫『日本語のシンタクスⅠ』1982：93による）

また、受身文の成立条件について、「述語の動詞が受身の形態

21 下線部は筆者が付けたものである。以下同様。

を具えているということに加えて、次のような統語的条件が具わっており，しかもその統語構造の成分の間に次のような意味的関係が認められるということが必要だということになる」と述べ、次の図 3-1 のように図式化している。

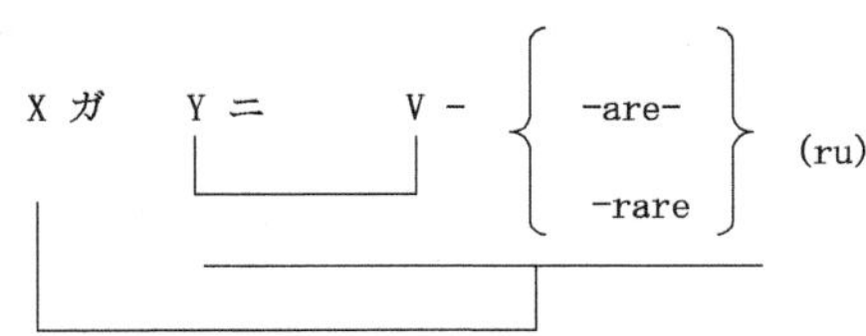

Y：V- の動作・変化・出来事の主体

X：「Y ガ V- スル」ことによって影響を受ける（'affected'）主体

（寺村 1982:214）

図 3-1　寺村の受身成立条件図

さらに、受身に関する観点について、基本的には「佐久間、三上を続ぐ」と自らの立場を述べている。

寺村（1982）は、直接受身について、①主体と客体の「両者の関係を表す動詞の場合」、②「移動動詞の場合」、③「変化動詞の場合」、④「授受動詞の場合」、⑤「『入レル、出ス』類の動詞の場合」、⑥「『変エル』類の場合」、⑦「コトを補語としてとる動詞の場合」の 7 つに分け、「コトを構成する述語と補語の性格」から詳しく分析している。また、直接受身文を「Y ハ X ガスル」という「客体主題文」との違い、自動詞を持つ他動詞の受身表現についても言及している。また、「彼ハ毎朝コーヒーヲ飲ム」という直接受身文を作る条件を具えている能動文には、「毎朝コーヒーが彼ニ飲マレル」という受身文にすることはできないのに対し、「日本デハブラジル産ノコーヒーが一番多く飲マレテイル」と言えることを指摘している。しかし、その理由について、「『コーヒーヲ飲ム』が全体として、一つのまとまった行為として問題になっているので、そういう場合に客体だけに焦点を当てて受身表現にすることが実際ありえない」と述べているが、詳しく説明していない。

その7つの場合のそれぞれ直接受身表現について、まず、「両者の関係を表す動詞の場合」には、前述した（1）（2）（3）（4）（5）（6）の表現以外に、もう一つの「XがYと結婚スル、衝突スル」のような相互作用の表現があると述べている。寺村（1982）は、そのような相互作用動詞には、受身表現が出来ないとしている。

以上、七つの受身表現をまとめると、次の表3-1になる。

表 3-1　寺村の直接受身表現の分析

	種類	直接受身	Yの種類	動作主のとる助動詞			動詞
				ニ	カラ	ニヨッテ	
①両者の関係を表す動詞	「ヲ」格：物理的心理的働きかけ	○	受け手	○	×	△	殺す・育てる…
	「ヲ」格：感情・感覚の動き	○	目当て	○	○	×	愛する・嫌う…
	「ヲ」格：創造	○	作品	×	×	○	建てる・作る…
	「ニ」格：対面－物理的影響	○	相手	○	×	△	噛み付く…
	「ニ」格：対面－態度	○		○	×	△	賛成する…
	「ニ」格：対面－感情	○		○	×	×	恋する…
	「ニ」格：対象－片方とる	可能	相手				会う・相談する
	「ニ」格：似る・勝つのような動詞	×					負ける…
②移動動詞全体的見ると「自動詞」である	「出どころ」	×					
	「通り道」	×					
		可能					
	「到達点」	×					
③変化の動詞	発展する・なる等の動詞	×					
④授受動詞		可能	から	△	○	×	
⑤「入レル・出ス」類の動詞		○		△	○	×	
⑥「変エル」類動詞		×					
⑦コトを補語としてとる動詞		可能		○			

間接受身について、寺村は「常に主格に立つ名詞を指すもの（ふつうは人）にとって迷惑、いやなこと、困ったこと、嬉しくないことを表わす」とし、「間接受身は、いわば＜初めは＞舞台

の外にいた第三者が、舞台上で起こったことによって影響を受けるものとして新たに登場してくることにより、舞台上の役割変更が起り、それによって述語動詞の形が変わるものというふうに特徴づけた」としている。それに対し、「直接受身はどちらの場合も使われるという、意味、ないし表現機能的特徴と表裏をなしている」と、直接受身のほうが舞台上にいる二人だけの関係を示すものであると指摘している。(寺村 1982：246)

寺村の受身表現についての観点をまとめると、図 3-2 のようになる。

以上から見たように、寺村は恋スル、惚レル、甘エル、アコガレルなどの感情動詞の受身表現についても論じている。

A. ヲ格感情・感覚の動きを表す動詞は直接受身文ができ、動作主に格助詞「ニ」とも「カラ」ともできるが、「ニヨッテ」はできない。

B. 一部の態度及び感情を表す「ニ格感情動詞は、直接受身も出来るが、感情を表すほうは、ヲ格感情・感覚を表わす動詞と同じ動作主に「ニ」とも「カラ」ともできるのに対し、態度を表すほうは、動作主に格助詞「ニ」が普通であるに対し、「ニヨッテ」は不自然、「カラ」はできないと指摘している。

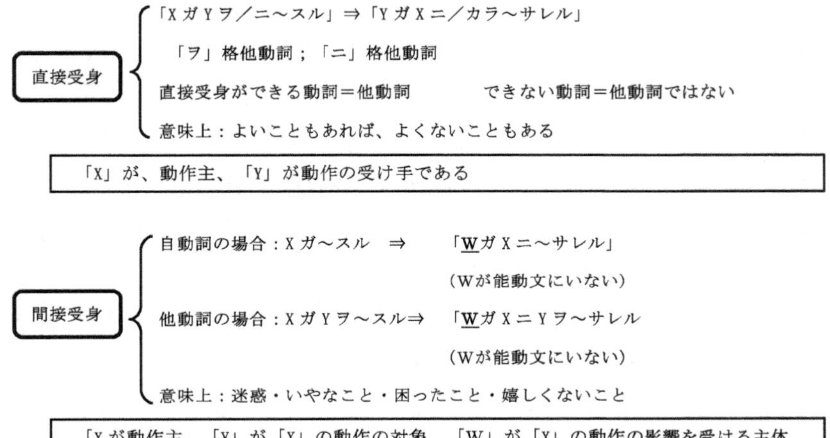

図 3-2　寺村の受身表現の観点

寺村の感情動詞の受身表現についてまとめると、以下の図 3-3 のようになる。

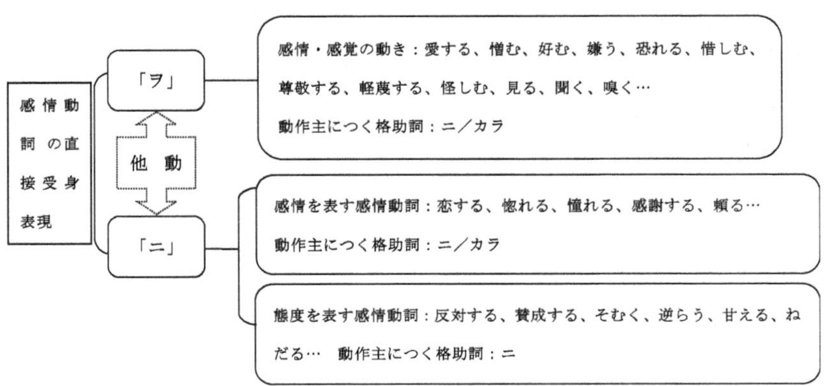

図 3-3　寺村の感情動詞の直接受身表現

以上、寺村の他動詞、自動詞の定義と直接受身、間接受身、また、「ニ」格をとる他動詞、感情動詞について述べてきたが、寺村の他動詞の定義には、問題がある。寺村は他動詞の定義とし、直接受身が成立するものを他動詞とし、「『部屋ヲ出ル』『階段ヲ降リル』のようなのは、『～ヲ～スル』という形はとっているが、直接受身にならないから他動詞とは認められないということになる」と述べている。これによって、「ヲ」格をとる自動詞の問題を直接受身が成立するかどうかという基準からその矛盾を回避している。しかし、「せっかく取っておいたケーキを弟に食べられた」や、「秘密の手紙を他人に読まれた」などの「食べられた」、「読まれた」などは直接受身とはならない。すると、この場合には、「食べる」「読む」などの事物を対象とした動詞も他動詞とはならないことになる。しかし、「食べる」や「読む」など一般的に典型的な他動詞とされている動詞を所動詞とすることは問題があるであろう。

3.2.2　工藤真由美の見解

工藤真由美「現代日本語の受動文」(1990) では、受身表現を受動文と称し、受動文の主語から、つまり能動文のどの要素が受動文の主語となるかという観点からタイプ化し、受身文を「当事者受動文」と「関係者受動文（不利益受動文)」の二つに分けている。詳しくは次のようになる。

A.「当事者受動文」

A.1「直接受動文」

A.1.1「直接対象受動文」

①花子が（太郎に）殺される　—　太郎が花子を殺す

②ロープが切られる　—　太郎がロープを切る

A.1.2「相手受動文」

①花子が（太郎に）かみ付かれる　―　太郎が花子にかみつく

②花子が（太郎に）手紙を渡される　―　太郎が花子に手紙を渡す

③花子が（太郎に）罰金をとられる　―　太郎が花子から罰金をとる

A. 2「間接受動文（持ち主受動文）」

A. 2. 1

①花子が（太郎に）子供を殺される　―　太郎が花子の子供を殺す

②武蔵が（敵戦闘機群に）舵機を壊される　―　敵戦闘機群が武蔵の舵機を壊す

A. 2. 2

①花子が（太郎に）顔に墨をつけられる　―　太郎が花子の顔に墨をつける

②花子が（太郎に）頭から水をかけられる　―　太郎が花子の頭から水をかける

B.「関係者受動文（不利益受動文）」

①花子が太郎に死なれる　―　＊太郎が花子を死ぬ（太郎が死ぬ）

②花子が太郎に酒を飲まれる　―　＊太郎が花子に酒を飲む　（太郎が酒を飲む）

（工藤真由美「現代日本語の受動文」1990 ：51-52）

また、工藤は、A. 1とBとの相違点が３つあると指摘している。一つ目は、Bタイプの受動文は常に参加者を１項増加させるのに対し、A. 1のタイプの受動文は参加者を増加させないという構造的違う点である。二つ目は、意味的にみると、「Bのタイプ受動文は出来事成立によって＜不利益＞を＜間接的＞にうけることをあらわす。従って、主語は＜人＞に限られている。一方、A.1のタイプの受動文は、行為＝はたらきかけを＜直接的＞にうけ、不利益性について＜中立＞である。従って、主語は＜人＞の場合も＜もの、こと＞の場合もありうる」と指摘している。三つ目は、受動文の動作主の機能的な違いである。A.1のほうでは行為者を「背景化して不特定化（indefinite）なものとしつつ構文的要素として削除してしまう場合が多い。しかしBにはこのような機能は基本的なく、行為者は表示されているか、表示されていない場合には、文脈的特定化（definite）されている」とまとめている。また、A.1の動作主に「ニ」格であったり「カラ」格であったり「ニヨッテ」であったりすることに対し、Bのほうには、「ニ」格しかできないと述べている。

さらに、工藤は、一部の研究者がA.2の「間接受動文（持ち主受動文）」をBのタイプに入れている意見に反対し、「A.2のタイプの受動文は次の4点でA.1のタイプの受動文と共通し、Bのタイプの受動文と異なっている」と述べている。その4点は具体的には、次のようである。

①規定語としてではあれ，受動文の主語の位置にくる参加者は能動文において表示されて、あらたに増加されてくるのではない。

②はた迷惑性＝不利益性に関して中立である。

③不利益性中立であるが故に主語が＜人＞に限定されない。

④行為者＝はたらきかけ手は不特定（indefinite）なものとして構文的要素として表示されない場合もある。

また、工藤は、動詞の他動性について、次の表3-2のように分類している。

表 3-2　工藤の動詞の他動性についての分類

他動性無	a	対象（客体）に積極的にはたらきかけてゆくもの
	a.1	対象にはたらきかけて対象を変化させるもの →　殺す、切る、壊す、開ける、濡らす、暖める、入れる、出す、止める、外す、消す
	a.2	対象にはたらきかけるが、対象の変化はとらえていないもの →　たたく、ける、なでる、もむ、かきまわす、いじる 話す、伝える、たずねる…；（～ニ）噛み付く、のしかかる…
	a.3	対象に対する積極的な心的な態度を表すもの →　動作的：叱る、からかう、詰る、褒める、貶す、批判する、注意する 状態的：（～ヲ）愛する、嫌う、可愛がる、恐れる、恨む、憎む、騙す、尊敬する、喜ぶ、好む、信用する、軽蔑する、無視する （～ニ）感心する、背く、注目する、惚れる、感謝する、期待する、同情する
	b	対象へのはたらきかけ性が弱いもの
	b.1	知覚（感性的認識）活動一見る、聞く、眺める、覗く、見上げる
	b.2	思考（知的認識）活動一思う、考える、理解する、想像する、疑う、推測する
	b.3	その他－待つ
	c	対象へのはたらきかけ性がないもの、或はむしろはたらきかけをうけるもの —（～ヲ）感じる、知る、察する、ためらう、悔やむ、思い出す、はばかる、意識する —（～ニ）驚く、呆れる、苦しむ、困る、怯える、悩む —　つかまる、見つかる、教わる、受け取る、得る —　受ける

工藤は、表 3-2 のうち、a.1 の動詞の他動性は「最も他動性が強いといえよう。a.3 の動詞は心的態度を表していて動的ではないが」、「積極性をもっていて、このために能動－受動の対立が成り立つ」とし、b タイプの動詞は、「対象に対するはたらきかけ性が弱いがゆえに、受動性を表す場合もあれば、自発性を表す場合もあってゆれることになる」とし、c タイプの動詞のほうに、「自発性を表す場合はあっても、受動性を表す場合はなくなってしまう」と述べている。つまり、a タイプの動詞には受動文ができるが、b タイプの動詞には受動性を表す場合もあるし、自発性

を表す場合もある。それに対し、c タイプの動詞には、受動性を表すことができないということであろう。また、以上工藤が述べたことを本論文の研究対象である感情動詞の受身表現に絞ってみると、次の図 3-4 のようになる。

強（受動性）弱 無 ↑

A　受身文ができるタイプ

対象に対する積極的な心的な態度を表すもの

—（動作的）：叱る、からかう、詰る、褒める、貶す、批判する、注意する

（状態的）：（～ヲ）愛する、嫌う、可愛がる、恐れる、恨む、憎む、騙す、尊敬する、喜ぶ、好む、信用する、軽蔑する、無視する

（～ニ）感心する、背く、注目する、惚れる、感謝する、期待する、同情する

B　（他動性が弱くなるため）受身文か自発文かともにできるタイプ

対象への働きかけ性が弱いもの

①　知覚（感性的認識）活動—見る、聞く、眺める、覗く、見上げる

②　思考（知的認識）活動—思う、考える、理解する、想像する、疑う、推測する

C　自発文はできるが受身文はできないタイプ

対象へのはたらきかけ性がないもの、或いはむしろはたらきかけをうけるもの

—（～ヲ）感じる、知る、察する、ためらう、悔やむ、思い出す、はばかる、意識する

—（～ニ）驚く、呆れる、苦しむ、困る、怯える、悩む

図 3-4　工藤の感情動詞の受身表現

3.2.3　角田太作の見解

角田太作（1991・2009）は、日本語と英語を始め、その他の言語を比較し、「受動文の可能性はしばしば、他動詞文の特徴の確認の一つとして指摘される。しかし、独語、ラテン語、トルコ語等では自動詞文も受動文になれる（Lyons 1968：379-80）」と

述べ、英語でも「Ed bumped into Sue.（エドがスーにぶつかった)」のような文は、「自動詞文と見なす。しかし受動文になれる。」とし、即ち、「Sue was bumped into by Ed.（スーがエドにぶつかられた)」としている。それによって、角田太作は、「受動文化の可能性が他動詞文だけの特徴であるとは限らない」と指摘し、直接受身文が成立可能かどうかを他動詞認定の基準とすることを批判している。また、「ワロゴ語[22]（Tsunoda 1974）やジャル語（Tsunoda 1981a）の様に、受動文の無い言語もある。即ち、受動文化の可能性がどの言語でも他動詞文の特徴であるとは限らない」と述べている。従って、角田太作は、動詞の他動性を考える時に、「ただ一つの特徴（即ち、直接受動文の可能性）だけを考慮するのでは、不十分である。他の、様々な側面も考慮しなければならない」という見解を提出している。

また、角田は、Tsunoda（1981b・1985b）の世界の諸言語の二項述語[23]の各枠組みを調べた結果即ち二項述語の分類を表 3-3 のように紹介している（ここでは一部だけを上げることにする)。

表 3-3　二項述語の階層

類	1		2		3	4	5	6	7
意味	直接影響		知覚		追求	知識	感情	関係	能力
下位類	1A	1B	2A	2B					
意味	変化	無変化							
例	殺す 壊す 温める	叩く 蹴る ぶつかる	see hear 見つける	look listen	待つ 探す	知る 分かる 覚える 忘れる	愛す、惚れる 好き、嫌い 欲しい、要る 怒る、恐れる	持つ ある 似る 欠ける	出来る 得意 強い 苦手

22　ワロゴ語（Warrungu）：パマーニュンガン語郡に属する言語。オーストラリア、クイーンズランド州のオーストラリア先住民が用いたが、1981 年に最後の話者が死亡し、死滅した。ワルングゴ。（スーパー第辞林 3.0 より）。

23　行為項を１項支配する述語を「一項述語」、２項支配する述語を「二項述語」と呼ぶ。矢沢国光：「日本語のしくみ」（2010） p 5。

この表について、角田（2009）は、左に行けば行くほど他動性が強くなっており、右に行けば行くほど他動性が低くなるため状態性が強くなると述べ、「日本語と英語では、大まかに言って、1類では自然な受動文を作れ、4類『知識』、5類『感情』くらいまでは受動文を作れる」とし、例を挙げている。ここで、1類と5類の例のみ取り上げることにする。

1類：Mary killed John.　メアリーがジョンを殺した。
John was killed by Mary.　ジョンがメアリーに殺された。
5類：Mary loves John.　メアリーがジョンを愛している。
John was loved by Mary.　ジョンがメアリーに愛されている。

以上のように、角田は、動詞などを分類し、「直接影響」から「能力」までの7段階を設け、その言葉の他動性の強さが直接受身を可能にするかどうかの基準としている。しかし、各動詞の他動性の強弱を判定することは極めて曖昧である。また、「6類『関係』では、一般的に、受動文はかなり作りにくい、又は、作れない……7類『能力』では、受動文は不可能である」と述べている。また、「4類『知識』、5類『感情』くらいまでは受動文を作れる」と述べているが、第5類の「感情」の動詞「愛す、惚れる、要る、怒る、恐れる」などのうちの動詞を見ても直接受身が成立しないものがある。また、より直接受身の成立がしやすいと述べている第4類の「知る、分かる、覚える、忘れる」などの動詞も直接受身が成立しないものがあり、角田が述べた「感情」と「知識」という項目間の他動性の強さという基準は曖昧ではないだろうか。

3.2.4　三原健一の見解

三原（1994）は、受身文を「直接受身」と「間接受身」の二つに分けている。また、「ニ」格感情動詞の中にも他動詞的なものがあり、直接受身文が成立することを自他認定の重要な根拠として、「呆れる、飽きる、同情する、感心する」などのような「ニ」格感情動詞は他動詞とし、その他の感情動詞は自動詞としている。

しかし、同じ「ニ」格感情動詞がどのような基準によって直接受身を成立させるのかについては、何も述べていない。例えば、a.「彼らの協力に感謝する」とb.「学生は先生に感謝する」の「〜に感謝する」の場合、対応する直接受身文は、bは「先生は学生に感謝される」が可能であるが、aは受身文にすると、「＊彼らの協力は（私に）感謝される」となり、非文となる。つまり、同じ「〜に感謝する」であっても、直接受身が可能な場合と不可能場合があることが分かる。しかし、三原は、これについては分析していない。

さらに、三原（2000）は、「ヲ」格感情動詞は問題なく直接受身文が成立するが、「ヲ」格感情動詞の中で「ためらう・悔やむ・後悔する」などのような一部の「ヲ」格感情動詞に関しては自発文は作れるが、受身文は作れないと指摘している。しかし、これを見て分かるように「ヲ」格感情動詞であれば、問題なく直接受身が成立するというのは、間違いであり、一部の「ヲ」格感情動詞は自発文となるとしているが、その基準については何も説明していない。

3.2.5　北村ようの見解

北村よう（2008）も、日本語の受身は、大きく直接受身と間接受身の二つに分けられると述べている。北村は文の「項の数」に着目し、次のように述べている。

> 「太郎が次郎をなぐった。」を直接受身にして「次郎が太郎になぐられた。」としても、＜太郎＞＜次郎＞という項の数は同じであるが、間接受身文である「私は彼女に泣かれた。」は、能動文「彼女が泣いた。」にはない項＜私＞が受身文に出てきている。つまり、項が増えている。
>
> （北村よう「感情動詞の受身をめぐって」2008：132）

即ち、能動文を受身文に変えるとき、「項」の数は変わらない場合には、直接受身文、「項」の数が増える場合には、間接受身文になると指摘している。また、北村は次の感情動詞の用例について、以下のように分析している。

1）　**私は父にがっかりされた。**

これには、対応する能動文と使役文があるとし、それぞれ以下のようになるとしている。

能動文：　父が私にがっかりした。
使役文：　私は父をがっかりさせた。

北村は、このような三つの文は「どれも＜私＞＜父＞という二つの項をとり、受動態や使役態に変えても項の増減がないことである。使役態に関しては、感情動詞の場合、項を増やさないことがすでに知られている」と述べ、「項の数が変わらないということ」から「私は父にがっかりされた」は、「直接受身にいれてもよさそうにみえる。しかし、典型的な直接受身とは違いが感じられる。その違いは、感情動詞に表れる項の意味役割にあるようだ」と述べている。さらに、北村は、ここの感情動詞「がっかりする」の「ガ格の意味役割を＜経験者＞、「ニ」格の意味役割を＜誘因＞」としている。即ち、このような感情動詞受身文と典型的な直接受身文と比較すると以下のようになる。

感情動詞の受身文

能動文：＜経験者＞ガ＜誘因＞ニ感情動詞（ガッカリ）スル

受身文：＜誘因＞ガ＜経験者＞ニ感情動詞（ガッカリ）サレル

典型的な直接受身文

能動文：＜動作主＞ガ＜対象＞ヲスル

受身文：＜対象＞ガ＜動作主＞ニサレル

北村は、典型的な直接受身の場合には、「意志を持って動作を行う＜動作主＞」に対し、感情動詞の受身文の場合には、「何かを感じるだけの＜経験者＞」であると述べている。その違いは、「動詞の他動性とも関連している」とし、「感情動詞の他動性が低い、それだけ典型的な直接受身から遠くなると言える」と述べている。また、典型的な直接受身文の「対象」は、感情動詞の受身文の「誘因」となるとしている。つまり、「わたしは父にがっかりされた」という文には、主語である「わたし」は、父の「がっかりする」という感情の「誘因」となる。この場合の「父」は動作主ではなく、「がっかりする」という感情の「経験者」となるだろう。

また、「そんなことでほっとされても困る」という受身文を間接受身文とし、そのような間接受身文では、「受身文の主語である『わたし』は、『だれかがほっとした』ことに直接のかかわりはない」とし、「この点では、能動文の主語が＜経験者＞であるとはいえ､少なくとも（3）[24]よりは（1）[25]の方がより直接受身に近い」と述べている。しかし、これを見ると、「ほっとする」より「がっかりする」ほうが他動性が高いということになるが、その基準は極めて主観的であり、曖昧ではないだろうか。

さらに、北村（2008）は､「『殺す』などの他動性の高い動詞が『ヲ』格の対象を要求する度合いと、感情動詞が『ニ』格の誘因を要求する度合いとを比べると、感情動詞の『ニ』格は必須補語[26]と副次補語の間か、必須補語の中でも副次補語に近いところに位置していると考えられる。必須補語でないとすれば、感情動詞の受身文は間接受身ということになろう」と述べている。

以上のことから、北村（2008）は､「感情動詞の受身は直接受身と間接受身の中間的なものと位置づけることができる。」と述べている。

従って、北村（2008）は、感情動詞の受身文の主語は動作の対象ではなく、誘因であり､「ニ」格で示されるものは動作主ではなく､感情の経験者であると述べている。つまり、能動文の「ニ」格は「対象格」ではなく､「誘因（仁田 1993 では『基因』, 石綿 1999 では『原因』[27])」である。この感情動詞の受身文は直接受身文でも間接受身文でもなく、直接受身文と間接受身文の中間に位置づけられるとしている。図式化すれば、以下の図 3-5 のようになる。

---

24 （3）の文は「そんなことでほっとされても困る」である 。

25 （1）の文は「わたしは父にがっかりされた」である。

26 北村の「必須補語」は、寺村（1982：141）の「そのような気の動きの誘因を表わすことばを必須補語として要求する｡「感じ手」は仕手と同じく「ガ」をとるが、感情の誘因を表す補語は，上に見るように「～ニ」という形をとる」からとったものである。

27 北村：｢感情動詞の受身をめぐって」（2008） p 125。

図 3-5　北村の感情動詞の受身文の位置づけ

3.2.6　先行研究における感情動詞の受身表現のまとめ

受身表現に関する研究は多いが、感情動詞の受身表現に関する研究はあまり多くないと言えよう。

この節で取り上げた感情動詞の受身表現の先行研究をまとめれば、以下の表 3-4 のようになる。

表 3-4　先行研究の感情動詞の受身表現のまとめ

感情動詞の受身表現	鈴木重幸（1972）	「驚く」「思う」などのような心理的な活動動詞を受身文にすると、「自発」になる可能性がある
	寺村秀夫（1982）	直接受身：「ヲ」格他動詞の直接受身―動作主に「ニ／カラ」 「ニ」格他動詞の直接受身―感情：動作主に「ニ／カラ」、態度：「ニ」
	工藤真由美（1990）	「ヲ」格：愛する、嫌う、可愛がる、恐れるなど直接受身が可能 「ニ」格：感心する、背く、注目する、惚れる、感謝するなど直接受身が可能
	角田太作（1991）	二項述語７種のうち５種の「感情」動詞まで受身文が作れる
	三原健一（2000）	直接受身：「ヲ」格感情他動詞：直接受身ができるものとできないものとがある 一部の「ニ」格感情動詞が他動詞であり、直接受身ができる
	北村よう（2008）	感情動詞の受身表現は「直接受身」と「間接受身」の中間に位置づけられる

3.3　先行研究における感情動詞の分類

3.3.1　寺村の感情動詞の分類

寺村（1982）は日本語の感情表現は、述語が動詞であるものと、形容詞であるものの二つに大きく分けられると述べ、「オドロク、失望スル、ヨロコブ、悲シム」のようなものは「感情動詞」、「悲シイ、コワイ、オソロシイ、ナゲカワシイ」のようなものは「感情形容詞」としている。寺村の分類を表にすれば、次の表 3-5 のようになる。

表 3-5　寺村の感情表現の分類

<table>
<tr><td rowspan="2">動詞</td><td>A. 一時的な気の動き、受身的感情の表現
補語：感情主（X）→ X ガ（感じ手）
誘　因（Y）→ Y ニ
文型：X ガ Y ニ～スル</td><td>B. 能動的な心の動き、積極的感情の発動
補語：感情主 X → X ガ（感じ手）
対　象（＝目当て）（X）→ Y ヲ
文型：X ガ Y ヲ～スル</td></tr>
<tr><td>述語：
驚く、おびえる、おろおろする、青くなる、ぎょっとする、びくっとする、びくびくする、うろたえる、はっとする、とびあがる
ほっとする、安心する、安堵する
怒る、かっとなる、腹を立てる、腹が立つ
興奮する、酔う、浮かれる、沸く
うっとりする、陶然となる
失望する、がっかりする、がっくりする。</td><td>述語：
愛する、憎む、いとしむ
恨む、羨む、惜しむ、妬む、妬く
喜ぶ、悲しむ、苦しむ、楽しむ、
恥じる、悔いる
懐かしむ
恋する、好く、好む、嫌う
望む</td></tr>
<tr><td rowspan="2">形容詞</td><td>C. 感情の直接的表出
補語：感情主（X）→ X ガ（まれに X ニ）
対　象（Y）→ Y ガ</td><td>D. 感情的品定め
補語：主体（品定めの対象）（X）→ X ガ
（品定めの基準）（「にとって」）（Y）→ Y ニ（準必須補語）</td></tr>
<tr><td>述語：
怖い、恐ろしい、恨めしい、羨ましい、惜しい、妬ましい、愛しい、憎い、嬉しい、悲しい、苦しい、楽しい、懐かしい、恋しい、好きだ、嫌いだ、嫌だ、ほしい、～たい、困る、思う</td><td>述語：
恐ろしい、恐るべきだ、ばかばかしい、羨むべきだ、悲しい、もの悲しい、愛らしい、可愛らしい、哀れだ、いやらしい、憎憎しい、憎らしい、憎さげだ、嘆かわしい、好ましい、喜ばしい</td></tr>
</table>

3.2.2 節で述べたように、寺村（1982）は、直接受身文になる動詞を「他動詞」、直接受身文にも間接受身文にもならない動詞を「所動詞」とし、間接受身文になれる動詞は「自動詞」と「他動詞」共にあるとしている。

また、寺村（1982）の『日本語のシンタクスと意味Ⅰ』の第2章、感情表現の節では、表3-5のAタイプ即ち、「一時的な気の動き、受身的感情の表現」の「ニ」格をとる感情動詞の「ニ」は、感情の「誘因」を表す補語で、「受ける」類の動詞の補語「ニ」とも、また受身文の「ニ」とも通ずる性質のものであるとしている。また寺村（1982：141）は、「興味ある事実だと思われるのは、英語ではこの種の表現に相当する文がほとんど受身の形をとることである」と述べ、「I am disappointed with the result」等の例を挙げ、「日英語比較の『構文的不対応』の例とし、日本語では自動詞文なのに英語では受身になる、ということがいわれるが、（たとえば田桐1965）それは大抵この種の、一時的な気の動きの表現をさしていっているようだ」と述べている。従って、寺村（1982）は「ニ」格感情動詞を自動詞としていると考えられる。

一方、3.2.2節で既に述べたが、寺村（1982）は、同じ『日本語のシンタクスと意味Ⅰ』の第2章の感情表現の前章と次の章で、日本語の受身を直接受身と間接受身の二つに分け、直接受身構文を作り得る動詞を「他動詞」とし、その他動詞の中に対象を表す補語が「ヲ」格以外に「ニ」格をとるものもあり、その「ニ」格他動詞の中に、「反対スル・賛成スル・恋スル・惚レル・甘エル」などの感情動詞があり、これらの感情動詞には直接受身の表現を作り得るものもあると述べている。

以上のことから、表3-5の感情動詞の分け方と感情動詞の直接受身表現に関する分析結果とが一致していない点、或いは明確にしていない点があると言えよう。

また、ヲ格の「愛スル・憎ム・好ム・キラウ・オソレル・惜シム・尊敬スル・軽蔑スル・怪シム」などの「感情の動き」を表す動詞と「見ル・聞ク」など感覚を表す動詞は、能動文「XガY

ヲ～スル」の文型に、「客体に働きかけてそれに何か影響を与えたり、変化を生ぜしめたりするにではなく、客体Yを目指しての感情の動きや感覚の働きを表すものである」とし、普通の働きかけの動詞の「受け手」と区別して「目当て」としている。また、「この種の動詞を述語とする文も、原則として直接受動になるが……感覚の働きを表す見ル・聞クなどは使い方によって受身になったりならなかったりするようである」としている。格助詞については、これらの感情動詞や感覚動詞の能動文では、「話し手が、感情や感覚がXから発して、あたかも透明な線や波動のようにYを目ざして進みYに到る、というふうに見立てるからであろう。また、そう考えることにより、Xが『Xニ』ともなるが、しばしば『Xカラ』ともなる」と述べている。寺村（1982）は、以下のような例文を取り上げている。

(1) 中国人民ハ今モ周総理ヲ最モ尊敬シテイル。

(1’) 周総理ハ今モ中国人民ニ / カラ最モ尊敬サレテイル。

(2) T刑事ハ彼ヲ怪シンダ。

(2’) 彼ハ刑事ニ / カラ怪シマレタ。

(3) 彼ラハソノ日、遂ニパリノ灯ヲ見タ。

(3’) ＊ハソノ日、遂ニパリノ灯ガ彼ラニ / ヨッテ / カラ見ラレタ。

(4) 彼女ハ彼ヲジット見タ。

(4’) 彼ハ彼女ニ / カラジット見ラレ（テ、赤クナッタ）。

図式化にすると以下の図3-6のようになると考えられる。

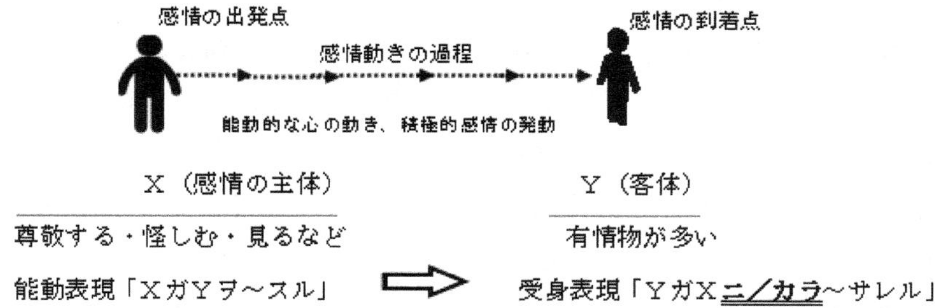

図 3-6　寺村の「ヲ」格感情動詞の受身表現

また、寺村は、このような感情・感覚の受身表現について、「たんに『他者の動作、作用を受ける』とするか、そのことを『影響をうける（affected）』という表現を含める（つまり拡大解釈をする）かどちらかが必要であろう」と述べ、この場合には、客体の方が「有情であるものが多い」、「特に、動詞が見ル・聞ク、その他感覚を表すものであるときは、上に見た判断が微妙で、その決定には、『目当て』が有情か無情かということも要因になる」と指摘している。

人間の心理の動きを表す動詞つまり「知ル・信ジル・思ウ・疑ウ」などの思考認識を表す一群の動詞については、寺村（1982）は、感情の働きと似ているとし、「受動表現に転じ得る。『X ニ』とも『X カラ』ともなる点も共通している」と述べている。

さらに「ニ」格感情動詞の受身表現について、寺村（1982）は、まずその「ニ」格感情動詞を二種類に分けて分析を行っている。一つは、「主体と対象」関係を表す場合の、「賛成スル・反対スル・ソムク・逆ラウ・甘エル・ネダルのように、相手に働きかけるというよりは、相手に対する主体が何らかの態度をとることを表す」「ニ」格感情動詞で、もう一つは、同じ「主体と対象」の関係を表す場合の「恋スル・惚レル・アコガレル・感謝スルのように感情を表すもの」であると指摘している。両者とも直接受身文ができるが、動作主の格助詞に関して、前者は「ニ」となり、「ニヨッテ」は不自然、「カラ」はとらないとしているのに対し、後者は前述の「ヲ」格感情動詞と同じ統語的特徴を示し、「ニ」格とも「カラ」格ともとると指摘している。例としては、「女は男に好かれ、男から惚れられるものよ」が挙げられる。第2章の先行研究で述べたように、寺村は直接受身が成立できる動詞を他動詞としているが、このことから、寺村はこれらの「ニ」格感情動詞も他動詞としていると考えていることが分かる。

しかし、寺村は、全ての「ヲ」「ニ」格感情動詞に直接受身が出来るかどうかについては、分析していない。また、「ニ」格「ヲ」格の直接受身文の違いについても説明していない。

3.3.2 工藤真由美の感情動詞の分類

工藤真由美（1995）は、アスペクト対立の有無の観点から、現代の日本語の動詞を「外的運動動詞」と「内的情態動詞」と「静態動詞」の三つに分けている。また、その「内的情態動詞」は、アスペクトの対立を持つものの、内的思考や感情や感覚は話し手のみが直接感知できるものであり、人称性と絡み合っているという特徴があると述べ、「内的状態動詞」をアスペクトの対立を持つ外的運動動詞とアスペクトの対立を持たない静態動詞との中間的に位置づけると主張している。さらに、工藤（1995：76-77）は、「内的情態動詞」を「思考動詞」「感情動詞」「知覚動詞」「感覚動詞」の4種類に分けている。その分類方法と第2章で述べた工藤の感情動詞の直接受身表現と合わせて分析し、詳しくまとめると以下の表3-6のようになる。

表 3-6　工藤（1995）による内的情態動詞の分類

思考動詞	思う、考える、疑う、信じる / 分かる、察する、祈る、願う、望む ⇒（他動性が少し弱いのでＢの自発表現と受身表現の両方ともに出来るタイプ）期待する⇒（Ａの受身表現ができるタイプ「ニ」格）	
感情動詞	Ａの受身表現ができるタイプ： 「ヲ」格：恨む、恐れる、憎む、喜ぶ 「ニ」格：感謝する、感心する、同情する Ｃの自発表現はできるが、受身表現はできないタイプ：苦しむ、悩む、 受身表現分析していないもの： 「あきらめる、あこがれる、いらいらする、うんざりする、感動する、気になる、敬服する、後悔する、嫉妬する、心配する、腹が立つ、はらはらする、反省する、迷う、めいる」	Ｃの受身表現ができないタイプ： あきれる、驚く、困る 受身表現分析していないもの： 「あきあきする、安心する、がっかりする、せいせいする、退屈する、助かる、びっくりする、ほっとする、まいる、よわる」 （シタ形式で＜現在における感情・感覚の表出＞を表わす）
知覚動詞	味がする、音がする、感じる、聞こえる、ざらざらする、つるつるする、におう、ぬるぬるする、見える	
感覚動詞	痛む、うずく、感じる、くらくらする、（めが）くらむ、疲れる、ずつうがする、どきどきする、震える、ほてる、むかむかする、いがもたれる	しびれる、疲れる、（のどが）乾く、（はらが）減る （シタ形式で＜現在における感情・感覚の表出＞を表わす）

（注：「＿＿」部単語は「ヲ」格直接受身できるタイプ、「＿＿」部単語は「ニ」格直接受身できるタイプ、「～～」部単語は受身できないタイプである）

感情動詞の受身表現については、前にも述べたように、工藤（1990）は、それをＡの「受身ができるタイプ」とＢの「他動性が弱くなるため、受身文も自発文もできるタイプ」とＣの「自発表現ができるが受身表現ができないタイプ」の三つに分けている。感情動詞はそれぞれ次のようになる。Ａは、「ヲ」格の「愛する・嫌う・可愛がる・恐れる・恨む・憎む・騙す・尊敬する・喜ぶ・好む・信用する・軽蔑する・無視する」などであり、Ｂは知覚（感性的認識）活動動詞の「見る・聞く・眺める・覗く・見上げる」と思考（知的認識）活動動詞の「思う・考える・理解する・想像する・疑う・推測する」など、Cは「ヲ」格の「感じる・知る・察する・ためらう・悔やむ・思い出す・はばかる・意識する」及び「ニ」格の「驚く・呆れる・苦しむ・困る・怯える・悩む」などである。ここに見られるような「受動ができるタイプ」などの「受動」について、工藤（1990）は、「以上の基本的には、他者＝対象に一方的にはたらきかけるという他動構造の文において、能動—受動の対立が成立する」と述べている。従って、ここの「受動」というのは直接受身（工藤は「直接受動文」としている）であると考えられる。

また、表3-6によると、工藤（1990・1995）は「内的感情動詞」の中の「感情動詞」の受身表現については、はっきりとは分析していない。

3.3.3　吉永尚の感情動詞の分類

吉永（1997）は、心理動詞を「a. 感情・b. 知覚感覚・c. 思考」の三つに分け、aの感情は抽象的な様々な心的状態であり、「悩む・困る・驚く・心配する・失望する」など、bの知覚感覚はより具体的な感覚器官から刺激により感じられる神経作用であり、「見える・聞こえる・感じる・疲れる・痛む」など、cの思考は目的を伴った精神活動、能動的・意思的な知的心理作用で、「思う・考える・疑う・注意する・信頼する」などであると指摘している。また、吉永は「和語起源」「漢語起源」「擬態語起源」及び「派生的なもの」から、感情動詞と知覚感覚動詞と思考動詞をより詳しく分類している。詳しい内容は下記の表3-7のようになる。

また、吉永は、感情的心理動詞が最も多く、派生的なもの、擬態語起源のものが特に多かったと述べ、和語より漢語起源のものは感情程度が強いとしている。知覚感覚的心理動詞は、複合語、擬態語が多い一方、漢語は非常に少ないと述べている。これに対し、思考的心理動詞は漢語起源のものと派生的なものが多いと指摘している。

心理動詞と意志性については、吉永は、「知覚感覚的心理動詞は意志性が非常に低い」とし、「感情的心理動詞のほとんどは意志性をもたない」としている一方、「思考的心理動詞は意志性をもつものが他より多い」と指摘している。即ち、吉永は「意志性が最も低いのは知覚感覚的心理動詞であり、感情的心理動詞は少数のものが弱い意志性を示す。思考的心理動詞はこれらと異なり、多くが意識性を示す」としている。

吉永の分類及びその下位分類をまとめれば、次の表 3-7 のようになる。

表 3-7　吉永の心理動詞の下位分類

心理動詞の種類	動詞の例
①感情的心理動詞	
和語 起源	悩む、困る、落ちつく、弱る、あきれる、あせる、苦しむ、喜ぶ、楽しむ、悲しむ、飽きる、恐れる、怯える、こらえる、耐える、忍ぶ、慣れる、まいる、めいる、憎む、まよう、まごつく、とまどう、ためらう、あがる、あきらめる、あこがれる、恨む、好く、嫌う、妬む、蔑む、侮る、悔やむ、ほれる、尊ぶ、そねむ、ひがむ、しらける、ひるむ、めげる、懲りる、まいあがる…
漢語 起源	心配する、激怒する，逆上する、失望する、落胆する、意気消沈する、驚愕する、退屈する、感謝する、感動する、感激する、感心する、同情する、同意する、共感する、安心する、敬服する、後悔する、軽蔑する、嫉妬する、尊敬する、仰天する、緊張する、畏敬する、実感する、強圧する、抑圧する、満足する、挫折する…
派生的	腹が立つ、頭に来る、いやになる…
擬態語起源等	ほっとする、かっとする、ぞっとする、びっくりする、がっかりする、どきっとする、どぎまぎする、いらいらする、くさくさする、せいせいする、はらはらする、あきあきする、うんざりする、しんみりする、うきうきする、げんなりする、ぼうっとする、ぼうっとなる、ほろりとする…

心理動詞の種類	動詞の例
②知覚感覚的心理動詞	
和語・漢語起源	見える、聞こえる、感じる、音がする、意味がする、手触りがする、匂いがする、香りがする、肌触りがする…
派生的	頭痛がする、肩がこる、ほてる、胸がすく、胃がさしこむ、のどがかわく…
擬態語起源等	ちかちかする、ざらざらする、じんじんする、つるつるする、がんがんする…
③思考的心理動詞	
和語起源	思う、考える、疑う、信じる、分かる、覚える、忘れる、認める、ひらめく、察する、祈る、願う、望む、たくらむ、知る、もくろむ、おしはかる、思い込む、思いつく…
派生的	注意を払う、勘違いする、深読する…
漢語起源	注意する、思案する、考慮する、考察する、理解する、納得する、想像する、信頼する、信用する、失念する、承服する、期待する、決心する、決意する、了解する、計画する、画策する、理論付ける、論考する、瞑想する、黙想する、集中する…

3.3.4 三原健一の感情動詞の分類

三原健一（2000）は、「心理動詞構文とは、何らかの感情を抱く人（『経験者』）と、その感情を引き起こす原因（『対象』）を含む構文である」と指摘し、心理構文を「ES（experiencer-subject）型心理構文」と「EO（experiencer-object）型心理構文」の二つに分けている。即ち、感情の経験者が主語に立つ類型を「ES 型」、経験者が目的語となる類型を「EO 型」と呼ばれる。例としては、それぞれ「ES 型」の「この子が雷を怖がる」と「EO 型」の「雷が子供を怖がらせる」が挙げられる。また、日本語の「ES 型」心理動詞は動作動詞・活動動詞（三原 2000：55）であり、活動動詞には、「走る・殴る」といった物理的活動動詞のみならず、心的活動を表わす心理的活動動詞があると主張している。また、その「ES 型」心理動詞を四種類に分けている。まとめると以下の図 3-7 のようになる。

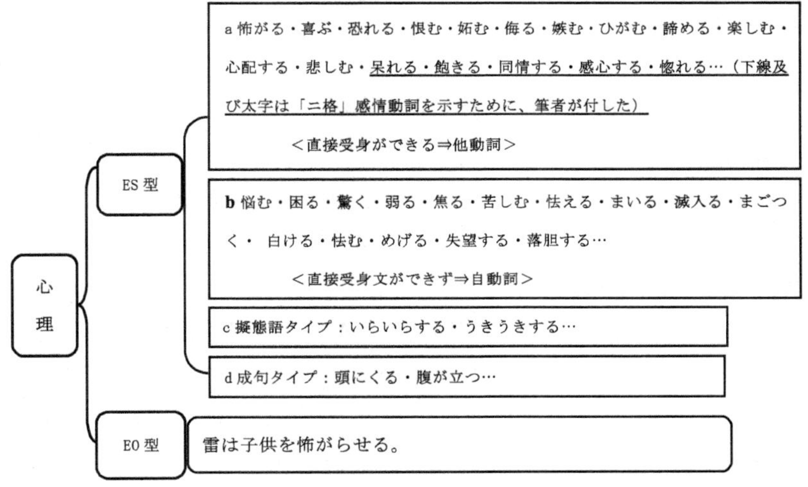

図 3-7　三原の心理動詞の分類

また、感情動詞の自他性について、三原（2000）は、「他動詞であることを認定する第一基準は、「ヲ」で標示される目的語を有するか否かである」と述べ、しかし、その基準だけでは不十分であるとし、「直接受動文が成立することは自他認定の重要な根拠になる」と主張している。この主張は、寺村（1982）の直接受身文ができる動詞を他動詞とする観点と似ている。さらに、「ニ」格感情動詞の中にも他動詞的なものがあり（杉本（1991）は準他動詞と呼んでいる）、直接受身文が成立することを自他認定の重要な根拠とし、「呆れる・飽きる・同情する・感心する」などの図 3-7 の a の下線部の「ニ」格感情動詞を他動詞とし、その他のものは自動詞になるとしている。

さらに、三原（2000）は、「ヲ」格感情動詞については問題なく直接受身文が成立するが、「ヲ」格感情動詞の中で「ためらう・悔やむ・後悔する」などのような一部の「ヲ」格感情動詞に関しては自発文が作れるが、受身文は作れないとしている。しかし、その理由については説明していない。

3.3.5 山岡政紀の感情動詞の分類

山岡政紀（1998）は、まず、話者が発話時の自らの感情を表出する用法を「感情表出用法」とし、述語でル形終止となった場合に、文が感情表出用法となるような動詞語彙をA「感情表出動詞」、述語でタ形終止の場合、つまり、過去形でありながら意味時制が現在となるという特殊な用法を持つ動詞語彙をB「感情変化動詞」、ル形終止でもタ形終止でも感情表出用法とならず、しかも、語彙的な意味としては、A、Bと同様な意味特徴を持つ動詞語彙を感情の動きを客観的に描写する動詞とし、C「感情描写動詞」としている。また、山岡はこの三分類を下位分類し、次のような表3-8を作っている。

表3-8　感情動詞の三分類と下位分類

	1思考	2情意	3感覚	4知覚	S評価用法
(A) 感情表出 [I] ＋ V-ru	A-1思考表出 ～ト（～ク） 思う	A-2情意表出 困る	A-3感覚表出 胃が痛む	A-4知覚 表出 見える	S-A評価表出 （～ニ驚く）
(B) 感情変化 [I] ＋ V-Ta	B-1思考変化 ひらめく	B-2情意変化 あきれる	B-3感覚変化 肩が凝る		S-B評価変化 （～ニ驚いた）
(C) 感情描写 I+V-teiru	C-1思考描写 ～ヲ思う	C-2情意描写 怒る	C-3感覚描写 顔がほてる	C-4知覚 描写 見る	

3.3.6 山川太の感情動詞の分類

山川（2000）は、三原（2000）に続き、日本語における心理動詞を「ES型心理動詞」と「EO型心理動詞」の二つに分け、格標示の観点からBando（1996）の分類を受け入れ、「ES型心理動詞」

を「対格・与格標示の両方を許容するもの」「対格標示のみを許容するもの」「与格標示のみを許容するもの」の三種類に分けている。詳しくは下記のようになる。

表 3-9　格標示による心理動詞の分類

対格・与格標示の両方を許容するもの　「ヲ」格、「ニ」格	「喜ぶ」「なげく」「楽しむ」「迷う」「ためらう」「悩む」など
対格標示のみを許容するもの「ヲ」格	「愛する」「嫌う」「尊敬する」「信じる」「うらやむ」「あわれむ」など
与格標示のみを許容するもの「ニ」格	「驚く」「びっくりする」「感動する」「あこがれる」「苦しむ」「困る」など

山川は、一部の研究者（Pesetsky1995 など）が「対格標示された名詞句は [Target of E,otion]（[感情の対象]）という意味役割を、与格標示された名詞句は [Cause]（[原因]）の意味役割を持つと分析している」のに対し、Bando（1996）と同じ観点を提出している。即ち、「与格標示された名詞句でも [原因] だけではなく [感情の対象] の意味役割をも持つ場合がある」という観点を提出し、次のような用例を挙げ、分析している。

a.　太郎がその電話に驚いた。
b.　太郎が父の成功に喜んだ。

「Bando（1996）は、(6) a, b[28] のような心理動詞文において、与格標示された名詞句が [原因][感情の対象] という二つの意味役割を“同時に”担っているという解釈が存在すると主張する」と述べている。これに対し、山川（2000）は、「この解釈の

28 「(6) a, b」はここの「a、b」である。

可能性が確かに存在するものと考えられるが、これは、文を解釈した結果、与格名詞句に対してそのような読みが与えられるということであって、当該の心理動詞そのものに二重の意味役割を付与する能力があることを意味するものではない」と自分の観点を述べ、「つまり、(6) a, bに関してBandoが指摘する解釈（与格名詞句が［原因］、［感情の対象］の二つの意味役割を同時に担う）において、心理動詞自体に存在する意味役割はどちらか一方であることになる。」と述べている。(a、b) は、(a、b) に「関係詞化」を施した形であるが、名詞句「その電話」「父の成功」は、［感情の対象］の解釈しか持たないと指摘している。

a.　太郎が驚いたその電話。
b.　太郎が喜んだ父の成功。
c.　太郎がものすごい雷の音にびっくりした。

さらに、Bando (1996) が (c) の与格名詞句を［原因］しか解釈できないとしているのに対し、山川 (2000) は、(c) における与格名詞句を関係詞化すれば［感情の対象］の解釈しかなくなると反論している。

従って、山川は、心理動詞に要求される与格名詞句は第一義的には［感情の対象］であり、これまで［原因］という意味役割を担うとされ、項扱いされてきた与格名詞句は付加詞であると分析していることが分かる。つまり、今まで「ES型心理動詞」の項として扱われてきた「原因」という意味役割を有する与格名詞句は項ではなく、付加詞である。また、このような与格名詞句は「感情の対象」として解釈する可能性もあると考えられる。

3.3.7　北村ようの感情動詞の分析

前述したように（3.3.5節）、北村（2008）は、日本語の感情動詞の受身文は直接受身文でも間接受身文でもなく、直接受身文と間接受身文の中間に位置づけられると指摘している。しかし、北村（2008）は、主に寺村の「ニ」格の感情動詞、即ち「ニ」格感情動詞の受身表現についての分析を行っているが、「ヲ」格の感情動詞については言及していない。また、その「ニ」格の感情動詞の受身表現に「直接受身」や「間接受身」のような名称も付けていない。

3.3.8　原沢伊都夫の感情動詞の分類

原沢（2010）は、「日本語の心の状態を表す述語には、主観的な感情や感覚を表す感情形容詞であるものと、感情や思考・感覚・知覚などを表す心理的な動詞であるもの」の二つに分けられると述べている。

また、原沢（2010）は、これらの感情動詞の述語には、発話の瞬間における話し手の内的状態をそのまま表すという共通点があるとしている。

3.3.9　感情動詞の分類のまとめ

上述した先行研究をまとめると、以下の表3-10、3-11のようになる。先行研究の問題点としては、感情動詞或いは心理動詞についての分類が一致していないことと、これらの感情動詞の受身表現についての先行研究はまだ数が少ない上に、観点、或いは主張も異なるということである。

表 3-10　感情動詞についての先行研究のまとめ

	動詞の名称	分　　類
鈴木（1972）	心理的活動動詞	
寺村（1982）	感情動詞	「ヲ」格 /「ニ」格
Bando（1996）	心理動詞	「ヲ」格 /「ニ」格 /「ヲ」と「ニ」両方許容
三原（2000）	心理動詞	EC 型 /ES 型（「ヲ」格 /「ニ」格 /「ヲ」と「ニ」両方許容）
工藤（1995）	内的状態動詞	思考動詞 / 感情動詞 / 知覚動詞 / 感覚動詞
山岡（1998）	感情動詞	感情表出動詞 / 感情変化動詞 / 感情描写動詞
山川（2000）	心理動詞	EC 型 /ES 型（「ヲ」格 /「ニ」格 /「ヲ」と「ニ」両方許容）
北村（2008）	感情動詞	「ヲ」格 /「ニ」格
原沢（2010）	心理動詞	

表 3-11　先行研究の感情動詞の受身表現のまとめ

<table>
<tr><td rowspan="2"></td><td colspan="3">直接受身出来るタイプ</td><td colspan="2" rowspan="2">直接受身できないタイプ</td></tr>
<tr><td>「ヲ」格感情動詞</td><td colspan="2">「ニ」格感情動詞</td></tr>
<tr><td>寺村（1982）</td><td>愛する、憎む、好む、嫌う、恐れる、惜しむ、尊敬する、軽蔑する、怪しむ</td><td>感情を表すもの：恋する、惚れる、憧れる、感謝する</td><td>態度を表すもの
賛成する、反対する、背く、逆らう、甘える、ねだる</td><td colspan="2">「ニ」格：驚く、おびえる、おろおろする、青くなる、ぎょっとする、びくっとする、びくびくする、うろたえる、はっとする、とびあがる、ほっとする、安心する、安堵する、怒る、かっとなる、腹を立てる、腹が立つ、興奮する、酔う、浮かれる、沸く、うっとりする、陶然となる、失望する、がっかりする、がっくりする</td></tr>
<tr><td rowspan="2">工藤（1990）</td><td rowspan="2">愛する、嫌う、可愛がる、恐れる、恨む、憎む、騙す、尊敬する、喜ぶ、好む、信用する、軽蔑する、無視する</td><td rowspan="2">感心する、背く、注目する、惚れる、感謝する、期待する、同情する</td><td rowspan="2">受身か自発か可能：見る、聞く、眺める、覗く、見上げる、思う、考える、理解する、想像する、疑う、推測する</td><td colspan="2">自発可能が直接受身不可</td></tr>
<tr><td>「ヲ」格：感じる、知る、察する、ためらう、悔やむ、思い出す、はばかる、意識する</td><td>「二」格：驚く、呆れる、苦しむ、困る、怯える、悩む</td></tr>
</table>

	直接受身出来るタイプ		直接受身できないタイプ	
	「ヲ」格感情動詞	「ニ」格感情動詞		
三原(2000)	怖がる、喜ぶ、恐れる、恨む、妬む、侮る、嫉む、ひがむ、諦める、楽しむ、心配する、悲しむ、好く、嫌う	呆れる、飽きる、同情する、感心する、惚れる	「ヲ」格：ためらう、悔やむ、後悔する	「ニ」格：悩む、困る、弱る、苦しむ、怯える、まいる、滅入る、まごつく、戸惑う、しける、ひるむ、めげる、懲りる、感動する、失望する、落胆する
北村(2008)		がっかりする、びっくりする、驚く、呆れる		

3.4　まとめ

本章では、日本語の感情動詞の直接受身表現、及び感情動詞の分類について論じた。以上で述べたように、日本語の受身表現に関する研究は数多くあげられるが、感情動詞の受身表現に関する研究はあまり多くない。また、感情動詞の分類については、研究者により異なり、一致していない。さらに、3.1で提出した問題点、即ち「～が～に感謝する」などのような「ニ」格感情動詞は自動詞であるにもかかわらず、「～が～に感謝される」というように直接受身が可能である。しかし、その理由について分析した研究は、調べた範囲では見当たらない。この「ニ」格感情動詞の直接受身成立の条件を解明するためには、感情動詞の分類及び感情動詞の直接受身表現について、改めて分析する必要がある。第4章では、この「ニ」格感情動詞の「直接受身（普通の受身）」成立の問題について論じていく。

第４章

「ニ」格感情動詞の直接受身表現に関する分析

寺村（1982）は、「ニ」格感情動詞は、「感情そのものを表すというよりも、感情が表情や身体の動きとなって外面に現れる点に重点があり、その動きが一時的に生起し、次の瞬間には、あるいは暫くして、もとの（通常の）状態に戻るような性質を持つものである点に意味的な特徴がある」としている。そのような気（感情）[29]の動きの表現においては、一時的に問題となる補語は、感じ手のほかには「～ニ」格をとる「誘因」がある。これに対し、より純粋に感情の状態を描くものとして、「ヨロコブ・ウレシイ・悲シム・悲シイ・愛スル・憎ム」などの語があると指摘している。こちらのうち、動詞を取り上げると本稿の「ヲ」格感情動詞「能動的感情の動き－感情の発動を表す動詞」となる。

これを図式化にすれば次のようになる。

29 （感情）を筆者が付した。

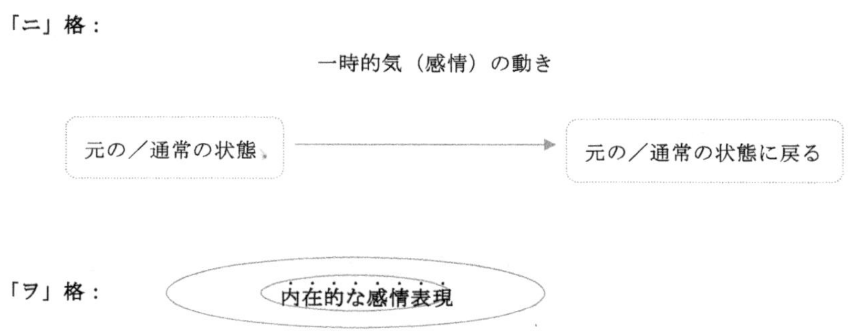

図 4-1 寺村の感情動詞の二分類

4.1 「ヲ」格感情動詞の直接受身表現

4.1.1 一般的な「ヲ」格感情動詞の直接受身表現

寺村（1982）は、「愛する・憎む・好む・嫌う・恐れる・惜しむ・尊敬する・軽蔑する・怪しむ」などの「ヲ」格をとる感情動詞を「ある対象を目ざしての感覚・感情の動き」としている。また「見ル・聞ク・嗅グ・嗅ギツケル・感ジル・照ラス・呼ブ・ホメル・叱ル・呼ビツケル・愛スル・憎ム・好ク・好ム・嫌ウ・惜シム・尊敬スル・崇拝スル・軽蔑スル・バカニスル」などの動詞について、「直接受身表現では、X は『カラ』をとることが多い。しかし、『ニ』でもよい。文語的表現でも『ニヨッテ』は適当でない」と述べている。

三原（2000）は、「ヲ」格句を伴う ES 型心理動詞[30]は、問題なく直接受身文が成立するので、他動詞と認定してよいと述べている。例を挙げると以下のようになる。（「____」は格助詞、「____」は受身表現が表わすものである）

30 本論文では感情動詞。

(1) a. 田中先生は学生に怖がられている。　(三原 2000)
b. 先生からおこられるかも知れないし、一年生から怖がられるかも知れないのに。[31]　(NLB)[32]

(2) a. あいつはみんなに恨まれている。　(三原 2000)
b. あんた、よっぽど誰かに恨まれてるんじゃない？(NLB)

(3) a. 僕はガールフレンドに嫌われてしまった。(三原 2000)
b. 女性に好かれる商品、嫌われる商品って何？　(NLB)
c. 「出す」などの語幹がｓで終わる動詞は同じ音の連続が嫌われるため「出さされる」よりも「ださせられる」のほうが普通です。
(初級を教える人のための日本語ハンドブック p294)

(4) a. 大統領の死が全国民によって悲しまれた。(三原 2000)
b. しかしながら、三〇歳ごろに悲惨な形でつぶされてしまった人生と、八〇歳にまで達して、関係したすべての人々に囲まれ惜しまれ悲しまれて死を迎えた人生は、本質的に違うであろう。　(NLB・少納言)

(5) 不動産データの透明性で日本は世界で 23 位らしいですし。

---

31 原文：「私は遠足の朝、三年生が一年生を呼ぶことを知っていた 先生からおこられるかも知れないし、一年生からこわがられるかも知れないのに…」三年生はおこられるとわかっていても私を怒ってくれた。中俣勝義：『先生！聴いて』(2005) p375。

32 NINJAL は NINJAL-LWP for BCCWJ の略である。 NINJAL-LWP for BCCWJ とは、国立国語研究所が構築した『現代日本語書き言葉均衡コーパス』(Balanced Corpus of Comtemporary Written Japanese : BCCWJ) を検索するために、国語研と Lago 言語研究所が共同開発したオンライン検索システムである。国語研の共同研究プロジェクト「日本語学習者用基本動詞用法ハンドブックの作成」(リーダー：プラシャント・パルデシ)、「日本語レキシコンの文法的・意味的・形態的特性」(リーダー：影山太郎)、「述語構造の意味範疇の普遍性と多様性」(リーダー：プラシャント・パルデシ) による研究成果の一部である。(国立国語研究所のホームページによる)

『ニュウヨウクの日本人不動産や[33]は弁護士より尊敬されてる』　(Yahoo！ブログ，2008)

(6) a. 正しいことよりも、温和しくしている方が人に喜ばれるようです。 (NLB)
b. 食卓に出したものが家族に喜ばれる。 (NLB)

(7) a. 王という地位は人に羨まれるようなものではない。 (NLB)
b. 豊かだから諸外国から羨まれ嫌がらせをうける。[34] (NLB)

(8) 最近、昭和時代が昭和レトロなどと言って、多くの人々によって懐かしまれている。(筆者作例)

しかし、例文（8）は形式的には受身文となっているが、本当の受身か、或いは自発かは、区別することが難しい。

また、これらの例をみると、基本的には、動作主は全て「人」即ち有情物であることが分かる。しかし、主語を分析すると、全てが「人」であるというわけではなく、例（3）b, c の主語は「商品」「音」、（4）a は「大統領の死」、（5）は「不動産や」、（6）a, b は「お土産」と「食卓に出したもの」、（7）a, b は「地位」と「国」であることが明らかである。

次に、「楽しむ」「苦しむ」という動詞の性格と受身表現について分析を行う。寺村（1982）がこのいずれもが「～ヲ」格（即ち

33　原文のまま。
34　原文：「豊かだから諸外国から羨まれ嫌がらせをうける。日米貿易摩擦、反日デモも。」Yahoo！知恵袋、政治、社会問題（2005)。

寺村のBタイプである）としているのに対し、Bando（1996）は「楽しむ」は「ヲ」格と「ニ」格共にとれるが、「苦しむ」は「ニ」格しかとれない（即ち寺村のAタイプに属している）と述べている。

「NLB」によると「～を楽しむ」のパターンの使用例は4646例あるのに対し、「～に楽しむ」の用例は734例しかない。また、「～に楽しむ」の前には殆ど「一緒・自由・気軽」などの副詞的な言葉であり、格助詞の「ニ」ではないことは明らかである。一方、「楽しまれる」のパターンは60例あるが、そのうち、受身文の用例はわずか4例しかない。

(9) a. 主観的なジャーナリズムは、スキャンダリズムに転換され、楽しまれている。 (NLB)
b. 今は春になると花のトンネルが出来て杭州の人々に楽しまれている。[35] (NLB)

対応する能動文を作ってみると、次のようになる。

a → マスコミが主観的なジャーナリズムをスキャンダリズムに転換、楽しんでいる。
b → 春になると杭州の人々は花のトンネルを楽しんでいる。

『日典』の直接受身の定義に従えば、両方とも直接受身であると考えられる。

35 原文：「昭和から平成に移った頃、漢俳との友好が始まり、李芒先生との日中友好から、「風の道」として西湖十景の一つ太子湾公園に桜の植樹を実現した。いまは春になると花のトンネルが出来て杭州の人々に楽しまれている。友好の志が通じて中国で自然石のうちより龍の形をしたものを選び知名の設計士によりデザインされた六メートルに及ぶ大句碑が建立された」俳句朝日、文学/芸術（2004）。

一方、「苦しむ」については、「～に苦しむ」の使用例は875例あり、そのうち「～ために/非常に」のような例を除き、格助詞の「～に苦しむ」の用例は750例ある。一方、「～を苦しむ」の使用例は37例しかないが、使役、尊敬などの例を除き、「ヲ」格の用例が20例あることが分かった。しかし、受身表現と考えられる用例は一つも見つからなかった。三原（2000）は、「苦しむ」が、直接受身文が不可能なので自動詞であるとしているが、「私が何を苦しんでいるかフィリップ、あなただけは解ってくれよう(NLB)」のような「ヲ」格の用例は少ないが、20例もあるので、「苦しむ」は「楽しむ」のような「ヲ」格と「ニ」格の両方を許容するタイプであることが分かる。従って、寺村（1982)、又はBando（1996）と三原（2000）の分類には不適切なところがあると言えよう。

以上の例文で取り上げた「怖がる・恨む・嫌う・悲しむ・喜ぶ・慕う・懐かしむ・楽しむ」などの動詞に、全て「単独他動詞」であると見られる。また、「喜ぶ」と「楽しむ」は他動詞と自動詞の両方を兼ねていると考えられるが、ここでは他動詞として使われているので、単独他動詞とする。

前に述べたが、石川（1991）は、有対自他動詞では、物を主語とした受身表現は、他動詞の受身形の代わりに自動詞がそのまま使われる可能性が高いが、単独他動詞においては、そのような「物の観点」を表すための対になるような自動詞がないため、他動詞の受身が入り込みやすいと指摘している。筆者は「ヲ」格感情動詞には対になる動詞がないため、直接受身文が出現しやすいと考えている。

寺村（1982）は「ヲ」格をとる感情動詞の多くは、感情形容詞と語根を共にする（悲しむ—悲しい、羨む—羨ましい）が、どちらか一方が現代では既に一般的には使われなくなっているものも多いとしている。「嬉しい」に対する「嬉しむ」はもう使われず、「好きだ」に対する「好く」は、「好かれている」という受身の形でよく使われており（例3）、能動文の形は少なくとも一般的ではないと述べている。

「NLB」によって調べた結果は、感情動詞の「懐かしむ」の使用例は全部で118例、また、「悔やむ」は319例で、合計、437例に過ぎなかった。これに対し、形容詞の「懐かしい」と「悔しい」の使用頻度は、それぞれ2435例と1658例であり、合計4093例と圧倒的に形容詞の方が多かった。

言葉の変遷に伴い、昔使われた「ヲ」格の一部の感情動詞は現在あまり（或いは普通には）使われなくなり、受身形（「懐かしまれる」・「苦しまれる」など）や能動形（「好く」）も使われなくなったり、使用頻度が少なくなったりしてしまったものと考えられる。

ここで取り上げた例文の名詞、即ち、主語、動作主の有情無情性、及びこれらの感情動詞の目的語或いは対象について考察する。ここまでの例をまとめると表4-1のようになる。

表4-1　「ヲ」格感情動詞の受身文の名詞性格

例文	主語（感情の対象）	「ニ」格（経験者）	感情動詞の基本形及び接続
(1)	田中先生 私	学生 一年生	先生／地震をこわがる
(2)	あいつ あんた	みんな 誰か	犯人／運命を恨む
(3)	僕 商品 同じ音の連続	ガールフレンド女性 (人)	もん子さん／自分のことを好く（N） 彼／家業を嫌う
(4)	大統領の死 八十歳の人間	全国国民 人々	人の不幸・死を悲しむ
(5)	不動産や	弁護士	相手を尊敬する

例文	主語（感情の対象）	「ニ」格（経験者）	感情動詞の基本形及び接続
(6)	温和しくしている方 食卓に出したもの	人 家族	成功を喜ぶ
(7)	王という地位 （日本）	人 諸外国	彼／学風を慕う
(8)	映画よりもその時代 明治時代	人 人々	幼時を懐かしむ
(9)	主観的なジャーナリズム 花のトンネル	他の人 人々	釣りを楽しむ

感情動詞は人などの有情物の感情を表す働きを持っているため、その有情物、即ち、その感情の経験者は必ず「有情物」でなければならないことは明らかである。また、「怖がる・恨む・嫌う・慕う」などの感情動詞の対象、或いは目的語は表 3-12 を見ると、有情物もあれば無情物もある。それに対し、「悲しむ」の目的語は「人の不幸」、「喜ぶ」の目的語は「成功」などのように物やことしか取れないことが分かる。

既に述べたように、石川（1991：60）は、「物に対する動作・行為の受身が普通の受身（直接受身）として用いられるのは、歴史的な事実、それに準じた社会一般の事実や、習慣、

特別な行事など、非日常的な場面では使えるが、日常的な個人的な身の回りの出来事に対しては、用いることはできない」と指摘している。つまり、石川は、「歴史的事実、流行、習慣、慣習などの社会一般のこと、特別な社会的な行事など、また一般的な事項や抽象的な概念など、また小説などの文学的効果をねらった物」などの場合、即ち、非日常的な場合では、物を主語として直接受身が成立可能であるが、それ以外の場合では、直接受身が有情物と有情物との関係でしか成立てきないと言えよう。

また、表 3-12 の例（1）と（2）と（3）a の以外に、（3）b, c からの用例の感情動詞の対象、即ち、これらの直接受身文の主語は物であることが分かる。例（3）b, c からの例を分析してみる

と、全て非日常的な場合での表現であるため、物が主語であるのに直接受身が可能ということであろう。

4.1.2　特別な「ヲ」格感情動詞の直接受身表現—自発的受身

三原（2000）は「ヲ」格句を伴うES型感情動詞は、問題なく直接受身文が成立するとし、「ヲ」格感情動詞の中でも「ためらう・悔やむ・後悔する」などのような一部の「ヲ」格感情動詞は、自発文は作れるが、受身文は作れないと述べている。しかし、その理由については説明していない。

なお、「ためらう」には次のような自発と思われる用例があった。

（10）中国四川省の大地震、寄付をためらわれる中国信用度。(http://detail.chiebukuro.yahoo.co.jp/qa/question_detail/)

仁田（2009）は、次のような例文を自発的受身文として扱っている。

（11）故郷のことが懐かしく思い出される。　　　　（仁田 2009）
（12）彼の見識が疑われる。　　　　（仁田 2009）
（13）こんなことなら、店や家をあけるのではなかったと悔やまれた。　　　　（仁田 2009）

仁田（2009：195）は、これらの例のように、従来「自発」と呼ばれてきたものを、受身の、しかも、直接受身（仁田は「まとも受身」と称している）の特殊なタイプとして位置付けている。仁田はその理由を次のように述べている。

（X ガ）　故郷のこと　を　懐かしく思い出す。（能動文）

故郷のこと　が　（～ニ）　懐かしく思い出される。（自発受身文）

自発的受身文の対応する能動文でのガ格成分（X）は、「受身文の表現形式には現れていないものの、他のまともの受身（本論では直接受身文）と同様に、能動文のガ格が受身文での非ガ格へ、能動文での非ガ格（故郷のこと）が受身文でのガ格へ、といった表層の表現形式への交替現象が起こっている」（仁田 2009：197）からであるとしている。

仁田のこの説に従えば、例（10）も例（8）と同じ、自発受身文である可能性も高いであろう。また、仁田（2009）は自発受身文を「契機的自発性」の「自発的受身」と「論理的自発性」の「自発的受身」に分けている。それぞれ次のように述べている。

仁田は、「契機的自発性」の「自発的受身」は「自発的受身」として表されている事態の出来事が、ある出来事・事態を契機として、それから自動的に引き起こされるといったものであるとし、次の例（11'）のようなものが、契機的自発性の一つの典型であると述べている。「この写真を見ている」や「自然と」といった契機を表す従属節や副詞の存在により、この文が「契機的自発性」の「自発的受身」であることが示されている。

（11'）この写真を見ていると、自然と学生だったあの頃が懐かしく思い起こされる。

また、仁田は、「契機的自発性」の「自発受身」を形成する動詞は感情動詞であると指摘し、「案じる・悔やむ・感じる・懸念する・気遣う・偲ぶ・心配する・望む・羨望する・期待する・はばかる」などであると述べている。しかし、これらを除くと、その数はあまり多くない。それは感情動詞のかなりの部分が自発的受身を作れないからである。例えば、「諦める・呆れる・怒る・いかる・悲しむ」などの感情動詞は自発的受身文が作れないとしている。例としては、以下のように挙げている。

(14) 何か大事件がこのホテルで突発するのではないか…こう思うと、私もなんだか恐ろしい不思議な胸騒ぎが感じられてならないのだ。　(仁田 2009)

(15) そのか弱い子供を妻がおとなしく大切に看取りそだててくれさえすればと、妻の心の平和が絶えず祷られるのだった。　(仁田 2009)

(16) それらのものが身辺近くあった時には用いなかったくせに、焼失させたと極ると、きゅうに日常欠くべからざるもののように見放された。　(仁田 2009)

また、仁田は、「論理的自発性」については、前提となる状況・事態が存在するか、或いは想定でき、それを前提とすれば、「自発的受身」として述べられている思考・認知活動の内容の成立が当然であり、論理的にも自然であり、そのことを通して、そういった内容を引き出した思考・認知活動が当然であり、自然であるといった意味合いを帯びているものであるとしている。

(17) 約束どおり電話は夕食どきにかかってきた。思いなしか

いささか沈んだ声であったので話の中味ははなから予想された。（仁田 2009）

(18) しかし今の話によると、若林たけ子のほうから計画的な意図を秘めて接近してきたことが察せられるのである。（仁田 2009）

仁田（2009）によると、「契機的自発受身」と「論理的自発受身」を形成する動詞は次の表 4-2 となる。

表 4-2　自発的受身を形成する動詞

	契機的自発受身	論理的自発受身
片方作れる動詞	案じる、悔やむ、懸念する、気遣う、偲ぶ、心配する、望む、羨望する、期待する、はばかる…	考える、認める、認識する、確認する、察する、解釈する、了解する、把握する、受け取る、推量する、推定する、推測する、推察する、想定する、予想する、予測する、空想する、妄想する、疑う、信じる、見る、眺める…
両方作れる動詞	思う、想像する、感じる、感じ取る、意識する、見なす	
作れない動詞	諦める、あきれる、慌てる、いかる、怒る、恐れる、脅える、悲しむ、我慢する、嫌う、苦しむ、困る、尊敬する、楽しむ、憎む、びっくりする、迷う、喜ぶ…	

以上のように、「直接受身文」には、ある特殊な受身文—「自発的受身文」が存在するものと考えられる。

日本語では、先に述べた例（8）、（10）～（18）のような例文が受身文となっているか、自発文となっているか区別しにくいものが少なくない。しかし、「自発的受身文」が存在しているとすれば、例（8）と（10）のような例文は「自発的受身文」であると考えられる。

従って、「悔やむ・後悔する」も自発的受身文が作れると思われる。例えば、以下の例（19）を見てみよう。

（19）娘があなたとめぐり会うことさえなければ、こんなことにはならなかったものと悔やまれます。（中村 1979）

4.1.3 「ヲ」格感情動詞の直接受身表現のまとめ

以上のことからすれば、この節の「ヲ」格感情動詞及びその受身表現は以下のようにまとめられる。

① 全ての「ヲ」格感情動詞は「単独他動詞」である。従って、石川（1991）の有対自他動詞の受身表現の説によれば、直接受身表現が出現しやすい。

② 殆どの「ヲ」格感情動詞には直接受身が可能であるが、「悔やむ・後悔する」のような感情動詞には、典型的な直接受身は成り立ちにくい。それに対し、特別な直接受身表現、即ち、仁田の「自発受身表現」が成り立ちやすい。つまり、「ヲ」格感情動詞には、典型的な「直接受身表現」と特別な直接受身表現である「自発的受身表現」の二つある。

③「ヲ」格感情動詞の「直接受身文」には、「経験者」も「感情の対象（直接受身文の主語）」も、全て有情物でなければならないが、非日常的な場合では、「経験者」は必ず有情物であるが、「感情の対象（直接受身文の主語）」は物である可能性もある。

4.2 「ニ」格の感情動詞の直接受身表現

「ニ」格感情動詞の受身表現に関して、既に述べたように、寺村は『日本語のシンタクスと意味Ⅰ』（1982）の第3章において、「ニ」格感情動詞は「直接受身」ができないとしているが、続く

第４章の「態」では、一部の「ニ」格感情動詞は、「直接受身」ができるとしており、矛盾がある。

寺村（1982）は、第４章で、「ニ」格感情動詞の直接受身表現のできるタイプをさらに二種類に分けて分析を行っている。一つは、「賛成スル・反対スル・ソムク・逆ラウ・甘エル・ネダルのように、相手に働きかけるというよりは、相手に対する主体が何らかの態度をとることを表す」時には、直接受身ができるとしている。この場合、格助詞は「ニ」となり、「ニヨッテ」は不自然となり、「カラ」はとらないとしている。次に、「恋スル・惚レル・アコガレル・感謝スルのように感情を表すもの」の場合にも、直接受身ができ、前述の「ヲ」格感情動詞と同じ統語的特徴を示すと指摘している。例としては、「女は男に好かれ、男から惚れられるものよ」を挙げている。即ち、格助詞「ニ」「カラ」ともに使えると考えられる。

寺村の「ニ」格感情動詞についての見解をまとめると、以下の図 4-2 のようになる。

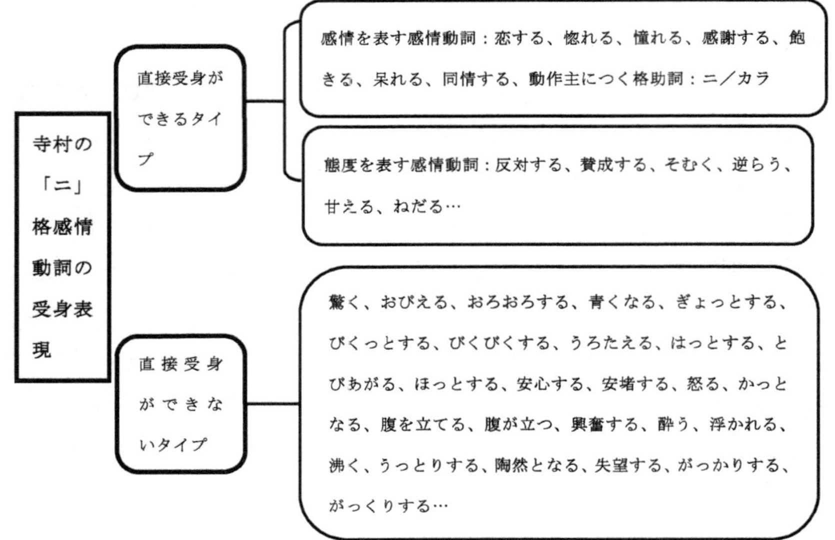

図 4-2　寺村の「ニ」格感情動詞の受身表現

また、三原（2000）では、この「ニ」格感情動詞のうちに「呆れる・飽きる・同情する・惚れる・感心する」は直接受動文が可能なので他動詞、その他は直接受動文が不可能なので自動詞と認定するとしており、以下のように例示している。

（20）明美の服装はみんなに呆れられた。　（三原 2000）
（21）テレビの馬鹿番組はもう飽きられている。（三原 2000）
（22）なんか、ひどく同情されちゃってさ、オレ。（三原 2000）

しかし、例（20）を分析すると、

（20）？服装がみんなに呆れられた。
（20''）明美は服装をみんなに呆れられた。

(20)では、「みんな」が「服装」そのものに呆れたのではなく、「明美が着ている服装」に呆れたのであろう。いわゆる「持ち主の受身」であろう。『日基』の受身の分類に従えば、(20)は間接受身となる。一方、「呆れる」は間接受身以外に以下のような直接受身と思われる用例もある。

(23) かつての私もそうでしたが、たいていの専業主婦は社会ではまったく使えないし、仕事もできない。子供にも毎日愚痴ばっかり言っているから、子供にもあきれられる。 (NLB)

この文を短くまとめれば、「私は子供に呆れられる」となり、対応する能動文は「子供は(愚痴ばかり言っている)私に呆れる」となるだろう。

また、前述したように、寺村(1982)は、「恋スル・惚レル・甘エル・アコガレル・タヨル」などのニ格感情動詞を直接受身にした時、その動作主は「Xニ」とも「Xカラ」ともなるが、「賛成スル・反対スル・ソムク・逆ラウ・甘エル・ネダル」などの「ニ」格感情動詞には、格助詞の方が「ニ」となり、「ニヨッテ」は不自然、「カラ」はとらないとしている。

しかし、次のような「カラ」を用いた例が多数発見された。

(24) 発表当時、多くの数学者から反対されるか、或いは快く受け入れられなかったこの無限を背景とした空々漠々とした理論は、[36]… (少納言)

36　下線は筆者が付けたものである。以下同様。

(25) スミッソンは、ベルリオーズより三歳年上で、当時彼との交際を双方の親兄弟から反対されるうちに、パリで興行していた英国劇団が閉鎖の憂き目に遭い、…（少納言）

(26) 男性と付き合うのは初めてなので…。年下彼氏のいる女性はどうしてますか？年上の女性から甘えられると男性はどう思いますか？（少納言）

(27) 疑心暗鬼になっちゃったし。上の人が言うように、向こうから呆れられるようにするのがいいと思う！（少納言）

(28) …とごとくゴールデンで台無しにするという、広告収入を稼ぐための素の手法は既に視聴者から飽きられています。また、結末が出る直前にＣＭに入っていて、それが視聴者の不評を買っている。(NLB)

(29) 悪くいえば一族の面汚しだ。いっそ田宮のように死んでしまったら世間から少しは同情されたかもしれない。(NLB)

(30) 実家の親からテレビをねだられる話。
(http://ameblo.jp/anaheim0078/entry-12019083926.html)

(31) 彼から度々お礼をねだられます。
(http://onayamifree.com/threadres/2210772/)

(32) ずっとお互いの両親から反対されていた私たちですが、

この度結婚が決まりました。もちろん、両親たちからも賛成されての円満結婚です。

(http：//ameblo.jp/xsakuradokeix/entry-12016970493.html)

以上の（24）から（32）までの例を見ると、「ニ」を使わず、「カラ」が使われていることが分かる。感情主体Xが他に対して「呆れる・飽きる・同情する」などの感情を持ち、その感情の動きがその感情の対象であるYに向き、一瞬か一時的かもしれないが、最後にYに到着するものと考えられる。つまり、これら「ニ」格感情動詞は「ヲ」格をとらないが、「ニ」格により、他に向かう感情を表しているということが分かる。さらに、受身文になると「Xニ」は、もちろんであるが、出発点として「Xカラ」も可能であることは例（24）から（32）を見ても明らかであろう。図で示せば、以下の図4-3のようになる。

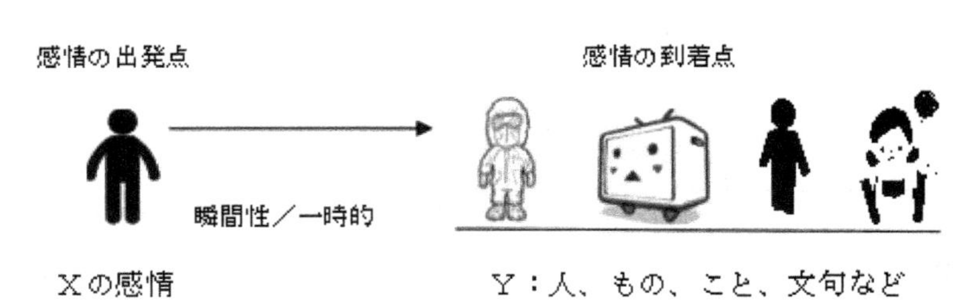

図4-3　「ニ」格感情動詞の動き図

以上、見たように、これらの「ニ」格感情動詞は、直接受身が可能であり、感情の動作主に、格助詞「ニ」も「カラ」も可能であり、寺村の説は不適切なところがあることが分かる。

また、これらの感情動詞は全て「ニ」格をとる感情動詞であるが、直接受身が可能である。寺村は直接受身ができる動詞を他動詞としているが、『日本国語大辞典』、『日本語基本動詞用法辞典』、『日本語大辞典』では、全て自動詞として扱っている。

4.2.1 他動性「ニ」格感情自動詞について

三上（1953）、寺村（1982）、三原（2000）は、直接受身構文を作り得る動詞を「他動詞」としている。しかし、前に述べたように、寺村（1982）と三原（2000）は、この「ニ」格感情動詞は直接受身ができると述べている。この説に従えば、これらの「ニ」格動詞は他動詞になる。これに対し、『日本国語大辞典』では「呆れる」が［自ラ下］、「飽きる」が［自カ上一］と書かれており、『日本語大辞典』では「呆れる・飽きる・同情する」が「自動詞」であると述べられ、またその他の辞書においても全て自動詞となっており、他動詞として扱っている辞書は見つからなかった。具体的には表 4-3 のようになる。

表 4-3　辞書による動詞の自他性

	日本国語大辞典	日本語大辞典
飽きる	自	自上一
同情する		自
呆れる	自	自
反対する		自
甘える	自	自
ねだる	自	自
賛成する		自
逆らう	自	自

しかし、（24）から（32）の例や『日本語基本動詞用法辞典』によれば、「呆れる・飽きる・同情する」などは直接受身文が可

能であるとしている。従って、これらは「ニ」格感情動詞であるにもかかわらず、「ヲ」格感情動詞と同じ直接受身文も作れ、他動詞の性質を持っていることが分かる。また、外国人日本語学習者、特に中国人日本語学習者は、一般的に「ヲ」格動詞を他動詞、それ以外の「ヲ」格をとらない動詞を自動詞と認識している。これらの外国人日本語学習者を混乱させないように、また、教授方法から考えてみると、本研究では「呆れる・飽きる・同情する」のような「ニ」格感情動詞を「他動性ニ格感情自動詞」と名付けることにする。

4.2.2　他の「ニ」格感情動詞の受身表現

次に、他の「ニ」格感情動詞の受身表現を見てみよう。

寺村（1982)、工藤（1990)、三原（2000）では、「がっかりする」のような「ニ」格感情動詞は直接受身ができないと述べている（表3-9)。しかし、北村（2008）は、以下の例（33）を挙げ、「がっかり・驚く・びっくりする」のような日本語の「ニ」格感情動詞には受身文があり、これは直接受身文と間接受身文の中間的なものと位置づけられるとしている。

(33)　父は私にがっかりした。　（北村 2008)
(33')　私は父にがっかりされた。　（北村 2008)

北村（2008）は（33）の受身が（33'）になる可能性があると述べている。

また、三原（2000）は、「呆れる・飽きる・同情する・惚れる・感心する」以外の「ニ」格感情動詞は直接受身が作れないから、自動詞であると述べているのに対し、北村（2008）は、(33'）のような「ニ」格感情動詞の受身文は、直接受身文と間接受身文の中間に位置づけられるべきだと述べている。また、『日本語大辞典』、『広辞苑』では、「がっかりする」について自動詞であると書いているが、筆者は、「がっかりする」は「他動性ニ格感情動詞」であり、それに対応する受身文は「直接受身文」であると思う。

これについて、他の「ニ」格感情動詞を分析してみよう。

(34) そんなことでほっとされても困る。　　　　(北村 2008)
(私が) そんなことで (あなたに) ほっとされても困る。

例 (34) の「そんなことでほっとされても困る」という文は、「あなたがほっとする」ことにより、「私が困る」ことになるという意味であろう。つまり、これは被害・迷惑を受けるという意味で「間接受身」になる。

しかし、この「ほっとされる」には次のような例文 (34') も存在する。

(34') 脱、前髪！美容師の子にほっとされました。80's 過ぎたっぽい。こしの終いか、あたしかみたいな？普通のおばちゃんになれたらしいです。若者によると、眉毛の輪郭が書いた感じもあかんと。あたし、そうとうライトなカラーな感じやったのに、まだ濃いと言われました。
(twitter.com/tcto88otot/status/405971064511287296)

例 (34') の「(私が) 美容師の子にほっとされました」に対応する能動文「(前髪のことで) 美容師の子が私にほっとした」は、『日典』の直接受身文の定義、即ち直接受身 (直接受動) とはガ格の必須構成要素を非ガ格成分に転換した受身文であり、被害性もないので、直接受身文であると言えよう。

次の（35）の用例は北村（2008）によるものである。

（35）日本の感覚からすると、11歳なら当然一人で買い物にも行くし、留守番もするし、塾にだって行くのに、ちょっと過保護ではないかという人も多いかと思うが、NYの息子のクラスメートの父母たち（アメリカ人）に日本の話をすると、逆にとてもびっくりされることが多い。
（北村 2008）

この用例について、北村は間接受身と直接受身との「中間的な位置」にある文であると述べている。確かに「ちょっと過保護ではないか」という点からすると、マイナス要素が大きい用例であり、間接受身、即ち被害・迷惑の受身と取られるかもしれない。しかし、「びっくりされる」という表現自体にはあまり被害・迷惑というようなニュアンスは感じられない。このことから北村は間接受身と直接受身との「中間的な位置」と述べたのではないかと思われる。

次、「驚く」の受身表現を見てみよう。『日典』が、「驚く」には「間接受身」はあるが、直接受身文はないとしている。例えば:

（36’’）こんなことぐらいで驚かれては困る。　（『日典』1989）

一方、例（36）を見てみよう。

（36）以前、若い人に、「こんにゃくって何からできているんですか？」と聞かれ、「こんにゃくって芋よ！」と答えたと

ころ驚かれたことがあります。　　　　　　（北村 2008）

この文を簡略化すると次のようになる。

（36’）私は答えが若い人に驚かれた。

対応する能動文が「若い人が私の答えに驚いた」になる。『日典』の直接受身の定義に従えば、（36’）は直接受身である。つまり、「驚く」にも直接受身があることが分かった。

次に、「安心する・ぎょっとする・怯える・惚れる」などの用例を考察してみよう。

（37）それだけは、たしかに、目に見える事実です。わしは、いまあなたに愛されたって、安心されたって、ちっとも有難い事は、ありません。かへつて迷惑ですよ。「原文のまま」　　　　　　（少納言）

（38）国によっていろいろなんですねー。でも日本では、バストトップの形がわかるとだいたいぎょっとされると思います。周りの人の目の毒になることも考えて、マナーとしてブラとかカッ…　　　　　　（少納言）

（39）その時我が子が自分を見て震えないよう、手をあげるのだけは何とか我慢してください。（母親であるあなた自身が）我が子に怯えられたら傷つくのはあなたです。（NLB）

（40）母親はとても頭のいい人で、優秀な大学を出ているのですが、彼女は勉強が苦手。母親の期待にそえず、そのことで母親に失望されていることはわかっていました。
（少納言）

（41）子どもと一緒に論語をそらんじ、清貧を恥じないことを示すためか破れたままの着物で風呂にも入らず異臭を放つことが強調される。 そんな臭い男なのに宮沢りえのような美女に惚れられる。 ヒーローとしてまさに申し分がない。 (NLB)

例（37）から（41）まで、それぞれ対応する能動文は以下のようである。

（37）→　今、あなたがわしを愛したって、安心したって…
（38）→　バストトップの形が分かると、日本人々が（それに）ぎょっとする。
（39）→　我が子が（母親であるあなた自身に対して）怯えたら傷つくのはあなたです。
（40）→　母親が彼女に失望している。
（41）→　宮沢りえのような美女がそんな臭い男に惚れる。

このことから、これらの「ニ」格感情動詞も直接受身が可能だと言える。

一方、寺村の「ニ」格感情動詞の中でも、「酔う・湧く・おろおろする・うっとりする・浮かれる」などの感情動詞には直接受身文は見つからなかった。

以上見てきたように「ニ」格感情動詞には直接受身が成立するものと成立しないものがあるが、その条件とは何であろうか。従来、受身一般で直接受身が成立する条件として「ヲ」格をとる他動詞という条件が挙げられていた。「ヲ」格感情動詞だけで直接受身が可能であると言われてきた。しかし、今見てきたように、「ニ」格感情動詞には直接受身になるものと間接受身になるものが存在する。ただ、いずれも表面に表われているもの、即ち表層格である「ニ」格をとるということでは共通している。そこで、この「ニ」格感情動詞の直接受身成立の条件を「ニ」格感情動詞の深層格を通し、追究していくことにする。

4.3 「ニ」格の深層格

4.3.1 格文法と深層格

フィルモア（1968）は、格文法は文を構成する述語と名詞の深層格との間に成立する意味的な関係についての文法理論であるとし、「case（格）」を surface case（表層格）と deep case（深層格）の二つに分けている。フィルモアは「格」が言語の普遍の現象であり、人間はこの格によって周辺に起こった出来事に対して判断できると述べている。つまり、深層構造の中で、言語の単文は、一つの動詞と一つ、或いはいくつかの名詞などにより成り立つということは全ての言語に共通している。また、フィルモア（1975：22）は、「言語の単文はいずれも、一つの動詞と、さまざまな深層構造上の『格』を与えられた名詞句の集合から成る」と述べ、表層構造において、「格の区別は保持されることもあり、また保持されないこともある」と指摘している。

さらに、フィルモアは、深層格は文の動詞（述語）に対し、他の語が果たす意味的な役割を持ち、全ての言語に共通した文意を表現する格であるとし、表層格は、表層的な手掛かりから決まる構文的な役割を持ち、深層格に変形操作を加えて表層構造を導き出したものであると述べている。フィルモア（1975）は、深層構造の概念について以下のように述べている。

> 私は上に挙げた初期の論文の中で、深層構造の概念は次のように改変できる、と示唆した。即ち、名詞句のある種の意味機能は直接表示することができ、文は、構造化（structuring）によって主語や目的語をもつということができるが、その構造化は文法の変形装置によって処理される、というような改変である。
>
> （フィルモア『格文法の原理』1975：236）

また、国立国語研究所はフィルモアの見解に基づいて、『日本語における表層格と深層格の対応関係』（1997）では深層格ついてより詳細に次のように述べている。

> 深層格とは何かの定義については、報告者はほぼ一致する。即ち、深層格とは、述語と共起する名詞句の述語に対する意味的関係、または、述語を意味する現実の一断面、或いは動作・状態・関係・シチュエーション・こと・事柄・出来事においてその必須または随意の参加者の担う意味的役割とする。ただし、深層格の名称は報告者により、「格」「役」「深層格」「意味範疇」「叙述素」「格ラベル」「意味的結合化」と異なる。
>
> （『日本語における表層格と深層格の対応関係』1997：8）

フィルモア（1975）はこの深層格を８種に分けている。まとめると表 4-4 のようになる。

フィルモア（1975）は、原因を表す格を「道具格」としている。フィルモアは、「道具格は、それより適当な名前が見つかればありがたいのだが、ここでは、出来事の直接原因の格、或いは、心理述語の場合には、反応を起こさせるもの、つまり『刺激』（‘stimulus’）の格だと考える。道具格の役割が文で占められる場合、その文は、結果的に何かほかの出来事や状態を生み出すと解釈される出来事を表す」と説明している。また、「対象格」については、「移動する実体や、変化を受ける実体を示す格であるが、私はいまだにそれをくずかごとして使っている。対象格に埋め込まれた文は、例えば、判断または想像の動詞と共起する場合のように、心理事象の内容を表すことができる」と述べている。

表 4-4　フィルモアの深層格

①動作主格	Agent. 略して A	出来事を引き起こす者
②経験者格	Experiencer. 略して E	ある動作の影響を受けたり、経験したりする実体
③道具格	Instrument. 略してI	ある出来事の刺激、または直接の物理的原因
④対象格	Object . 略してO	動いたり、変化したりする実体、或いは、その位置や存在が考慮されている実体
⑤源泉格	Source. 略して S	何かが移動する際の起点となる場所
⑥目標格	Goal. 略して G	何かが移動する際の到着点となる場所
⑦場所格	Place. 略してP	ある出来事が起こる場所
⑧時間格	Time. 略してT	ある出来事が起こる時間

また、フィルモアは深層格に「格階層」があると提出し、「格階層とは、格が並べられた順番の階層である」とし、即ち、「動作主格、経験者格、道具格、対象格、源泉格、目標格、場所格、時間格の順である」と述べている。これによって、文の主語を選択する際に「動作主（Agent）＞道具（Instrument）＞対象（Object)」のような優先順になり、文の主語や目的語のような文法役割は深層格に依存して決まると述べている。

4.3.2　感情動詞と深層格

また、フィルモア（1975：261）は、「心理的事象述語を記述する場合には、経験者格のほかに、道具格も対象格も必要」と述べ、「心理動詞については、経験者格は道具格（『原因』）や対象格（『内容』）より前にあるので、それが深層構造において最初の位置にくる、という点に注意することが肝要である」としている。

即ち、フィルモアは、普通、動作するものを動作主と呼ぶのに対し、感情動詞文では（フィルモアは心理動詞文）それを「経験者」としている。また、感情動詞文には、経験者格以外に原因格や対象格も必要であると指摘している。ただし、原因を表す格について、本研究で「原因格」としたが、フィルモアは「道具格」としている。従って、フィルモアの格文法、即ち、文の深層構造、深層格から見れば、感情動詞文には、感情の経験者或いは感情の動作主、即ち、経験者格或いは動作主格と感情の対象、或いは感情が起こる原因、即ち、対象格、或いは原因格が感情動詞文の必須構成要素であると考えられる。

さらに、国立国語研究所（1997）によれば、フィルモアの以外に、井上和子、柴谷方良、寺村秀夫、仁田義雄、村木新次郎なども深層格について分析している。具体的な内容は以下のようになる。

まず、深層格について、フィルモアは8種[37]を立てているのに対し、井上和子は、深層格の種類を9種＋3種としている。この9種の深層格とは「動作主格、対象格、起点格、経験者格、目標格、助格、原因格、位置格、対称格」であり、それに、使役文について（語彙的使役文を含め）、「使役動作主格、許容動作主格、

37　国立国語研究所『日本語のおける表層格と深層格の対応関係』（1997：10）では、フィルモアの「格文法の理論そのもの、また、設定する深層格の種類および定義が初期から種々変わっている」と述べ、「主に1971年の文献による」フィルモアの深層格をここで挙げた8種に「経路格」を加え、9種にあげている。

受益格」の3種を挙げている。また、井上は感情動詞における感情の源として起点格を認めている（国立国語研究所 1997）。

次に、柴谷方良は、生成文法の立場から、日本語の文の構成において名詞句が果たす各種の意味的役割、名詞句と述語を結ぶ意味関係及び意味的役割と格助詞の関係を考察し、意味的役割として、「動作主、対象、起点、経験者、目標、道具、出来、場所、共役者、基準、受益者」の11種を挙げている。

また、寺村秀夫（1982）は、「コトの類型」の考察に関連する深層格を32種に分けている。その中で、感情動詞文に関し、次の「仕手、感情主、目当て、対象」を挙げている。

仕手：対象や客体への物理的・心理的働き掛け、対面、相互動作の主体。ある対象または客体を目指す感覚・感情の動き（「見る・嗅ぐ」「愛する・憎む」等）の主体……ガ格。直接受動で「ニ格」を、上記の感情動詞はカラ格も、取る。

○甲が乙を愛する・甲に／から愛される。

ヲ格は＜目当て＞、＜感情主＞も参考。

感情主：一時的気の動き「驚く・怒る・興奮する」類の主体、能動的な心の動き・積極的感情の発動「愛する・嫌う・楽しむ・望む・恥じる」類、感情の直接的表出「恐ろしい・羨ましい・心配だ・（ニ格も許容）」「欲しい・好きだ（ガ格のみ）」「〜たい」類の主体。ガ格。

○甲は物音におどろく。　ニ格は＜誘因＞。

○甲は成功をよろこぶ。　ヲ格は＜対象＝目当て＞。

目当て：感覚・感情の目指すもの。心理的働き掛けの対象、感情の動きにより必ずしも影響を受けない。<仕手>による「見る・見つめる・嗅ぐ・感じる」「愛する・軽蔑する・好む」類の目当て。なお<感情主>による「愛する・尊敬する・好む」「喜ぶ・恥じる」類が目当てをとるという記述もある（対象の項参考)。ヲ格。多くの場合直接受動でニ／カラ交替をする。

〇子どもたちが彼を愛している。

彼は子どもたちに／から愛されている。

対象：<感情主>の感情の直接表出「恐ろしい・嬉しい・心配だ・欲しい・好きだ・～たい」類のガ格対象、能動的心の動き・積極的感情「愛する・憎む・喜ぶ・恥じる・望む」類のヲ格の対象……<主体>による感覚作用「見る・見守る・聞く・感じる・匂う」類における「コト」を指すヲ格（またはノヲ、コトヲ）の対象。

〇甲が乙を愛する・甲が成功を喜ぶ…

相手：<仕手>の動き・働きかけが向かう対象（相手）としての対面や対象への態度を表す「賛成する・噛みつく・飛びかかる・吠える」「恋する・問いかける」「会う・ぶっつかる（ト格を取れば<片方>)」類のニ格（へ格に替えられない)、<仕手>に関わる授受を表す「与える・教える・売る・紹介する・やる・(へ格をとることもある)」…

〇共産党は政府案に反対している…

誘因：感情の誘因。一時的気の動き「安心する・怒る・驚く」類に関わる。「ニ」格。

〇僕は物音に驚く・その結果に失望する。

以上の定義及び用例を見ると、寺村（1982）は、「仕手」「感情主」また、「目当て」「対象」について明確に区別していないことが分かる。

また、フィルモアが提出した感情動詞に関わる「経験者格、対象格、原因格」の三つの深層格の定義については、研究者により異なっている。国立国語研究所（1997）を基に、各研究者の定義を別々にまとめてみたのが以下の表 4-5 である。

表 4-5　先行研究の「経験者格」「対象格」「原因格」のまとめ

	経験者格	対象格	原因格
フィルモア（1971）	ある心理事象を体験する者の役割。心理動詞「想像する・喜ぶ・好む」等の主体	移動する対象物や変化対象物。或いは、判断、想像のような心理事象の内容を表す役割。さらに、意味的に最も中立的。非心理動詞「死ぬ・成長する」などの主体は対象	「道具格」 ある出来事の刺激（或いは、心理述語の場合には、反応を起こさせるもの、つまり『刺激』（'stimulus'）の格）、または直接の物理的原因
井上和子 12 種	ある行為または出来事に関わりを持つ、或いは経験する有生名詞句の格。有生の感情経験主 「ガ」格、「ニ」格、「ヲ」格	有生・無生の動作の対象。行為の結果として状態変化を起こすもの。行為の単なる対象で変化を受けないもの。属性の対象も含む「ガ」「ヲ」格。「ニ」格の対象格を認めるように見える例が動詞「気づく」についてある	「原因格」 有生・無生。動作や状態の原因。 「ヲ」格、「ニ」格、「デ」格語彙的使役文で「ガ」格
柴田方良 11 種	「経験者」 感情を経験する主体。述語「好きだ・ほしい・～たい」類に関わる。 「ガ」格	「対象」 ある動作・所有・状態・性状描写の対象。動作に関与しない事態・事情を表す述語と共起する対象。愛情・称賛・叱責動詞の類の対象。 「ヲ」格「ガ」格	「由来」 間接的影響の由来を表し、「ニ格」をとる。間接受動文の「ニ」格名詞はこれに当たる。「酒に酔う」 「雨に降られる」

	経験者格	対象格	原因格
寺村秀夫 32 種	「感情主」	「目当て」「対象」	「誘因」
仁田義雄 13 種	「主」動きや状態を体現する項	「対象」動きが目指す対象を表す項。ヲ格、ト格。「ニ格」をとる場合もある。 (ニ格の例) 猫にタマと名付けた。	「基因」
村木新次郎	「動作主」動作の有意志主体	「対象」出現・消滅・変化ーガ格、ヲ格 受影ーヲ格 これら以外のすべてーガ格、ヲ格	「起因」悩む・驚く・落ち着くなどの起因

さらに、国立国語研究所（1997）では、実データに基づき、深層格と表層格の対応関係について一覧表を作り、深層格を以下の表 4-6 のように 35 種に分けている。

表 4-6　日本語の表層格と深層格の対応

	ガ	ヲ	ニ	デ	ト	カラ	ヨリ	ヘ	マデ	計
動作主	913	11	13	25		4				966
経験者	120	15	39	2						176
無意識主体	116		2							118
対象	1851	3955	150	12						5968
受け手	4		297					22		323
与え手			13			21	4			38
相手 1			99		50	2				151
相手 2		6								6
時		8	329	31		33	2	16		419
時 - 始点		1				138	12			151
時 - 終点			56						77	133
時間		15	15							30
場所		8	1322	267		1		13		1611
場所 - 始点		52				306	28			386
場所 - 終点		11	523					599	38	1171
場所 - 経過		348	3			28	2			381

	ガ	ヲ	ニ	デ	ト	カラ	ヨリ	ヘ	マデ	計
始状態						4				4
終状態		4	299		73			1		377
属性	131	121	23							275
原因・理由	3		161	40		7	1			212
手段・道具			73	145						218
材料				33						33
構成要素				1						1
方式			264	90	311					665
条件			35	34						69
目的			159	3						162
役割			29		4					33
内容規定			46		1761					1807
範囲規定	8	6	86	34		3				137
提題					7					7
観点			13			7				20
比較の基準		9	49		38	1	56			153
随伴					19					19
度合			10		11					21
陳述			44	3	1					48
保留		12	4			11			5	32
計	3146	4582	4156	720	2275	566	105	651	120	16321

(『日本語における表層格と深層格の対応関係』1995：84-85)

表4-6によれば、格の表層表現、即ち、表層格の「ニ」格に対応する深層格を「動作主、経験者、無意識主体、対象、受け手、与え手、相手1、時、時ー終点、時間、場所、場所ー終点、場所ー経過、終状態、属性、原因・理由、手段・道具、方式、条件、目的、役割、内容規定、範囲規定、観点、比較の基準、度合、陳述、保留」の28種としている。この「ニ」格の表層格と深層格の関係を図にすると、次の図4-3のようになる。太枠は、今回の「ニ」格感情動詞に関連するものである。

強（受動性）弱　無

A　受身文ができるタイプ

対象に対する積極的な心的な態度を表すもの

―（動作的）：叱る、からかう、詰る、褒める、貶す、批判する、注意する

（状態的）：（～ヲ）愛する、嫌う、可愛がる、恐れる、恨む、憎む、騙す、尊敬する、喜ぶ、好む、信用する、軽蔑する、無視する

（～ニ）感心する、背く、注目する、惚れる、感謝する、期待する、同情する

B　（他動性が弱くなるため）受身文か自発文かともにできるタイプ

対象への働きかけ性が弱いもの

①　知覚（感性的認識）活動－見る、聞く、眺める、覗く、見上げる

②　思考（知的認識）活動－思う、考える、理解する、想像する、疑う、推測する

C　自発文はできるが受身文はできないタイプ

対象へのはたらきかけ性がないもの、或いはむしろはたらきかけをうけるもの

―（～ヲ）感じる、知る、察する、ためらう、悔やむ、思い出す、はばかる、意識する

―（～ニ）驚く、呆れる、苦しむ、困る、怯える、悩む

図 4-4　「ニ」格の表層格と深層格

4.4 「ニ」格感情動詞の「ニ」格を表す深層格

「ニ」格感情動詞の受身成立表層格「ニ」が表す深層格が何であるかを明らかにするために、まず、小泉保らの『日本語基本動詞用法辞典』（1989）及び中村明の『感情表現辞典』（1993）により日本語の全ての「ニ」格感情動詞をまとめて表 4-7 にした。

表 4-7　「ニ」格感情動詞

ア行：上がる、飽きる、呆れる、憧れる、焦る、当り散らす、慌てふためく、慌てる、安心する、いがむ、怒る、いきどおる、息巻く、いきりたつ、いらいらする、苛立つ、浮かされる、うきうきする、倦む、うろたえる、岡惚れする、傍焼きする、おくする、怒る、怖気づく、おじける、落ち着く、躍り上がる、驚く、戦く、怯える、溺れる…	**カ行**：感謝する、感心する、感嘆する、感動する、感服する、感銘する、気後れする、気落ちする、気兼ねする、傷付く、喫驚する、狂喜する、興じる、悔いる、愚図愚図する、苦しむ、苦労する、激昂する、激怒する、げんなりする、幻滅する、恋焦がれる、恋する、後悔する、拘泥する、高揚する、困る、困惑する…
サ行：自失する、親しむ、失望する、失恋する、執着する、憧憬する、憔悴する、白ける、心酔する、信服する、すさむ、絶望する…	**タ・ナ行**：躊躇う、憧憬する、同情する、陶酔する、陶然となる、当惑する、ときめく、戸惑う… 和む、悩む…
ハ行：腹立つ、僻む、びっくりする、耽る、ふける、放心する、ほっとする、惚れる、ぼんやりする…	**マ—ワ行**：惑う、迷う、満足する、満ち足りる、むかつく、滅入る、めげる、酔う、喜ぶ、落胆する、蟠る（わだかま）…

「ニ」格感情動詞の「直接受身」成立条件の違いは、表層格からは分からないため、「ニ」格感情動詞の深層格を通し、追究していくことにしたが、フィルモアは、心理的事象述語を記述する場合には、必須構成要素とし、経験者格のほかに、道具格（本論文の原因格に当たる）、対象格の二つを挙げているが、本論文では、このフィルモアの説に基づき、上記の「ニ」格感情動詞を「対象格」をとるものと、「原因格（道具格）」をとるものの二つに分け、NLBなどにより用例を収集し、分析した。（下線部は筆者が付けたものである）

1）深層格が対象格を表す「ニ」格感情動詞

（1）①しかし、全部食べるまでにクリームの味に飽きてくる。（NLB）

②自分の恋人を別の人と交換する夢は、単に今の恋人に飽きている証拠です。（NLB）

(2)　①母は息子のだらしなさにあきれた。
(『日本語基本動詞用法辞典』)
②無責任な与党を支持する、カルト支持者にあきれるよ。
(NLB)
(3)　①情熱的な恋に憧れる。　(『スーパー大辞林 3.0』)
②この人に憧れてこの楽器を始めた！　(NLB)
(4)　①仕事に倦む。　(『スーパー大辞林 3.0』)
(人を対象とする「倦む」の用例は見つからなかった)
(5)　①日々の生活にはまあまあ満足している。　(NLB)
②以前何かの雑誌に「相手に 80％満足していたらその人と結婚しても大丈夫」と書いていました。　(NLB)
(6)　①この手の相談が多いことに驚きます。　(NLB)
②ｂそして、昨日の奇跡の一枚のジョイマン高木さんには驚いた…　(NLB)
(7)　①私は彼らの協力に感謝している。　(NLB)
②弘は先生に感謝した。　(『日本語基本動詞用法辞典』)
(8)　①非常に親切なもてなしを受け、率直な話し合いが出来たが、結果には失望している。　(NLB)
②彼にはまったく失望した。　(『スーパー大辞林 3.0』)
(9)　①同級生の成瀬正一はいたく菊池の境遇に同情した。
②麻子は田代に同情した。　(NLB)
(10)　①家の電気の明るさにびっくりした。　(NLB)
②お酒をおいしそうに飲む母に、私はびっくりしました。
(NLB)

2）深層格が原因格を表す「ニ」格感情動詞

(1)　彼は大きな物音に驚いた。　(『スーパー大辞林 3.0』)☆
(2)　甘美なメロディーに、人々は陶酔した。　(NLB)

(3) お酒に酔う。 (NLB)

(4) 恋に憔悴して死んでしまう。 (NLB)

(5) 和樹は異常な事態に慌てたように頭だけ動かしてキョロキョロと部屋を見渡す。 (NLB)

(6) 酒井は、美人と一緒の旅行にうきうきしていて… (NLB)

(7) その現実にうろたえ、さらに動揺を見せないようにするだけで、正直なところ精一杯だった。 (NLB)

(8) 母親の給料も減り、生活に困るようになった。 (NLB)

(9) 精神科医はこの症例に当惑した。 (NLB)

(10) 私はその美しさに、正直感動した。 (NLB) ☆

3) 深層格が「対象格」或いは「原因格」

(1) 彼は大きな物音に驚いた。 (『スーパー大辞林 3.0』) ☆

……

(10) 私はその美しさに、正直感動した。 (NLB)

ここで見たように、1) の (1) から (10) までの「ニ」格感情動詞、即ち、「飽きる、呆れる、憧れる、倦む、満足する、驚く、感謝する、失望する、同情する、びっくりする」などの感情動詞の持つ「ニ」格は、感情動詞の経験者であり、例えば、例 (7) の「弘」が、感情の対象「先生」に対し、その「感謝」の気持ちを向けるという働きを持つ「ニ」格である。つまり、これらの「ニ」格の深層格は、「対象格」となるものと考えられる。また、例 (4) ①には、人を対象とする用例が見つからなかったが、他の「ニ」格感情動詞文には、感情の対象は無情物もあれば、有情物もあることが分かる。

一方、2) の (1) から (10) までの「ニ」格感情動詞、即ち、「驚く、陶酔する、酔う、憔悴する、慌てる、うきうきする、うろたえる、困る、当惑する、感動する」などの「ニ」格の深層格を見ていくと、感情の動きの原因を表すという働きを持つ原因格であることが分かる。例えば、(6) の感情の経験者、或いは感情主が「美人と一緒の旅行」という原因により、「うきうきしている」ことが分かる。つまり､2) の例 (1) から (10) までの「ニ」格の深層格は全て「原因格」であると考えられる。

また、調査の結果、「ニ」格感情動詞を持つ「ニ」格の深層格としては、フィルモアが必須要素と述べている「対象格」と「原因格」の二種類のみで、他の深層格は見られなかった。その結果を次の図 4-5 で示した。

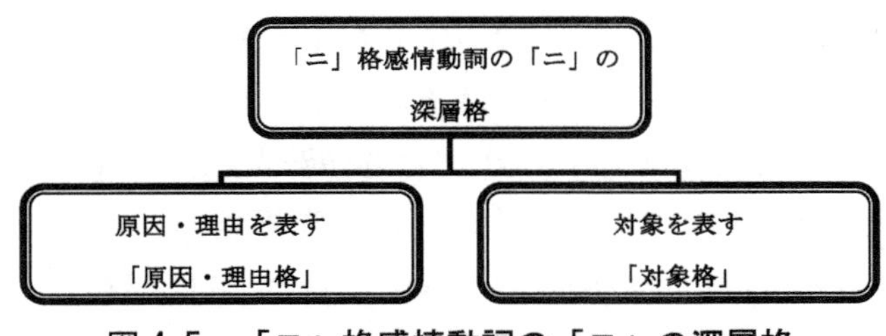

図 4-5 「ニ」格感情動詞の「ニ」の深層格

4.5 「ニ」格感情動詞の深層格と直接受身表現

なお、4.4.2 節の 2) で、寺村の「ニ」格感情動詞の中、「酔う、湧く、おろおろする、うっとりする、浮かれる」などの感情動詞は直接受身文が見つからないと述べたが、その理由とし、この「ニ」格感情動詞の深層格の働きと関係があるかもしれない。

まず、「酔う、沸く、おろおろする、うっとりする、浮かれる」などの感情動詞の例を見てみよう。

(42) 彼はすっかり酒に酔っていたのである。 (NLB)

(43) 人々は歓びに沸いた。 (NLB)

(44) 私だけでも落ちついて、立派な指図をしたいと思ったのだが、やはり私は、あまりの事に顛倒し、狼狽し、おろおろしてしまって…

(http://dictionary.goo.ne.jp/examples/jn2/34138/m0u/)

(45) イルミネーションのロマンチックさにウットリしちゃう。(NLB)

(46) 大坂城は万灯に輝き、喜びに浮かれた市民たちは辻々を練り歩いた。(NLB)

例(42)の「酒」は「彼が酔っていた」原因であり、(43)の「歓び」は「人々が沸いた」原因であることが分かる。また、例(44)の「あまりの事」、(45)の「イルミネーションのロマンチックさ」、(46)の「喜び」はそれぞれ「おろおろしてしまって」、「ウットリしちゃう」、「市民たちが浮かれた」原因であると言えよう。即ち、これらの「ニ」格の深層格は、4.4節の例2)の(1)から(10)までの「ニ」格と同様に、「原因格」であることが分かる。従って、「酔う、沸く、おろおろする、うっとりする、浮かれる」などの感情動詞の直接受身文が見つからなかった原因は、これらの感情動詞の「ニ」格が「対象格」を表せず、「原因格」のみを表すためであると考えられる。

このことを検証するために、先に挙げた深層格が対象格を表す「ニ」格感情動詞1)の用例について改めて直接受身が可能かどうかを確かめてみよう。

1) 深層格が対象格を表す「ニ」格感情動詞の直接受身の例

(1')[38] 飽きる

[38] 「'」は、「A深層格が対象格を表すニ格感情動詞」の直接受身の例文を表す。

逢うとかはお互いに考えてなく、このままの状態が続いて欲しいと思っています。その人に飽きられずにいつまでも仲良くできるためにどのようなことに気を付けたらいいでしょうか？（NLB）

（2'）呆れる

…といいながら友人の子供の誕生日だったのでビールも飲まず40ドル分も一人で食べた私は、まるでアホ…。払いをすませた妻にあきれられました。（NLB）

（3'）憧れる

清原は野球少年に憧れられますか？（NLB）

（4'）倦む

（直接受身の用例は見つからなかった）

（5'）満足する

利用者との双方向のコミュニケーションを図りながら、利用者ニーズに対応したサービスの提供を図り、利用者に満足され、信頼される水道を目指します。

（『利用者に満足される水道』札幌市水道局2010年）

（6'）驚く

もちろんここでも無農薬栽培。「スキーに来たお客さんに山菜を出すと驚かれますね。お客さんが必要なときに必要なものを必要なだけ提供する。（NLB）

（7'）感謝する

わたしの願いは、明治から大正・昭和と、現代に伝わったヒコの墓を、在るがままの姿で次代に残したいというのである。ヒコは新聞の父として、およそ新聞を読むほどの全日本人に感謝されてよい人である。（NLB）

（8'）失望する

優秀な大学を出ているのですが、彼女は勉強が苦手。母親の期待にそえず、そのことで母親に失望されていることはわかってい

ました。私は嫌われている。いえ、軽蔑されている。（少納言）

（9'）同情する

ダビデは、彼にとっては見知らぬ人物であり、宗教上の敵であったガテの王アキシに同情された。エリザベスは、友人ではあるが宗教上では相容れない仲であったスペインのフィリップに同情された。エリザベスとダビデの共通点の一部として、レイは契約の箱に言及している、「ダビデは、契約の箱をレビ人の手によって町の中に運び入れた」。（NLB）

当たり屋に当たられたことありますか？二度ほどしか、無いです…警察に、同情されます。（NLB）

（10'）びっくりする

…とあるテレビ番組で僕がピアノを弾くことになって、僕は歌詞がないと覚えられないんで勝手に歌詞をつけて演ったのがきっかけだったんですけど、小倉（博和）さんがイメージした景色と同じものだと本人にびっくりされました。（NLB）

以上、見てきたように、例（4'）の「倦む」を除き、他の「対象格」がある「ニ」格感情動詞は全て直接受身が可能であることが分かる。

しかし、なぜ例（4'）の「倦む」には、「ニ」格の深層格が「対象格」である感情動詞にも関わらず、直接受身が可能ではないだろうか。

これをさらに例証するため、前に挙げた「ニ」格の感情動詞の直接受身の例文を受身文から能動文に転換し、(21) から (41) までの「ニ」格の深層格について分析を行った。その結果は表4-8のようになった。

この結果から分かることは、これらの直接受身の例文を能動文に変わった場合の「ニ」格の深層格は全て「対象格」になることが分かる。言い換えれば、例（21）から例（41）までの「ニ」格の深層格が「原因格」ではなく「対象格」であるため、直接受身文が可能になると言えよう。従って、「ニ」格感情動詞の直接受身成立条件の一つは、その「ニ」格の深層格が「対象格」であると考えられる。

表 4-8　例（21）から（41）までの「ニ」格の深層格

例	受身文の主語	「ニ格」（経験者）	能動文の「ニ」の働き—対象格・原因格
21	馬鹿番組	（私）	（私）はテレビの馬鹿番組に飽きた。**⇒対象格**
22	オレ（対象）	（誰か）	（誰かが）オレにひどく同情している。**⇒対象格**
23	私（の愚痴）	子供	子供は私に呆れた。**⇒対象格**
24	（ある理論）	数学者	数学者はある理論に反対した。**⇒対象格**
25	スミッソン	親兄弟	親兄弟はスミッソンに反対した。**⇒対象格**
26	男性	女性	年上の女性は男性に甘えた。**⇒対象格**
27	（こちら）	向こう	向こうはこちらに呆れる。**⇒対象格**
28	手法	視聴者	視聴者は広告収入を稼ぐための素の手法に飽きた。**⇒対象格**
29	（あなた？）	世間	世間はあなたに同情するかもしれない 。**⇒対象格**
30	（私）	親	親は私にテレビをねだる。**⇒対象格**
31	（私）	彼	彼は私にお礼をねだる。**⇒対象格**
32	私達（の結婚）	両親	両親が私達の結婚を反対した・賛成した。**⇒対象格**
33	私	父	父が私にがっかりした。**⇒対象格**
34	（私）	美容師の子	美容師の子が私（の髪）にほっとした。**⇒対象格**
35	私	アメリカ人の父母	アメリカ人の父母が私（の話）にびっくりした。**⇒対象格**
36	私	若い人	若い人は私の答えに驚いた。**⇒対象格**
37	わし	あなた	あなたはわしを安心している。**⇒対象格**
38	（ある人）	周りの人	周りの人はある人にぎょっとした。**⇒対象格**
39	母親	我が子	我が子は母親に怯える。**⇒対象格**
40	彼女	母親	母親が彼女に失望する。**⇒対象格**
41	そんな臭い男	宮沢りえのような美女	宮沢りえのような美女はそんな臭い男に惚れた。**⇒対象格**

4.6　対象格を持つ「ニ」格感情動詞の直接受身成立と有情物、無情物の関係

4.6.1　直接受身不成立と主語の無情性について

しかし、1）の例（4）の深層格に対象格を持つ「ニ」格感情動詞「倦む」には直接受身文の例文が見つからなかった。その理由を探るために、NLB から「倦む」の前に接続する目的語、即ち、「倦む」のコロケーションを見てみると、以下のようになる。

仕事に倦む、**これ**に倦む、**それ**に倦む、**作品**のなかに倦む、**びわ**に倦む、**もの**に倦む、**世界**に倦む、**保養**に倦む、**勉強**に倦む、**平和**に倦む、**役割**に倦む、**快楽**に倦む、**戦陣**に倦む、**掌**に倦む、**旅**に倦む、**物**に倦む、**生活**に倦む、**雑務**に倦む、**食卓**に倦む

これらを見ると、「倦む」の目的語は全て「仕事」などのような無情物であることが分かる。一方、「倦む」以外の 1）の（1）から（10）までの他の 1）の深層格が対象格を表す「ニ」格感情動詞の能動文の目的語をまとめてみると、表 4-9 のようになり、1）の（4）の「倦む」以外の「ニ」格感情動詞の目的語は、無情物もあれば有情物もあることが分かる。

表 4-9　A 深層格が対象格を表す「ニ」格感情動詞文の名詞の有情性・無情性

A	主語	目的語	感情の動き
1a	話し手	クリームの味（無情物）	飽きる
1b	話し手	今の恋人（有情物）	
2a	母	息子のだらしなさ（無情物）	あきれる
2b	話し手	カルト支持者（有情物）	

A	主語	目的語	感情の動き
3a	話し手（私）	情熱的な恋（無情物）	憧れる
3b	話し手（私）	この人（有情物）	
4a	話し手（私）	仕事（無情物）	倦む
5a	話し手（私）	日々の生活（無情物）	満足する
5b	その人	相手（有情物）	
6a	話し手（私）	この手の相談が多いこと（無情物）	驚く
6b	話し手（私）	高木さん（有情物）	
7a	私	彼らの協力（無情物）	感謝する
7b	弘	先生（有情物）	
8a	話し手？	結果（無情物）	失望する
8b	私	彼（有情物）	
9a	成瀬正一	いたく菊池の境遇（無情物）	同情する
9b	麻子	田代（有情物）	
10a	私	家の電気の明るさ（無情物）	びっくりする
10b	私	お酒をおいしそうに飲む母（有情物）	

このうち、bの有情物を対象とする「ニ」格感情動詞の直接受身文は、既に述べた1）の（1'）から（10'）までのように成立することが分かる。

上記の1）の（1'）から（10'）までの例文をもう一度提示すると以下のようになる。

1）　深層格が対象格を表す「ニ」格感情動詞の直接受身の例

（1'）飽きる

逢うとかはお互いに考えてなく、このままの状態が続いて欲しいと思っています。その人に飽きられずにいつまでも仲良くできるためにどのようなことに気を付けたらいいでしょうか？（NLB）

（2'）呆れる

…といいながら友人の子供の誕生日だったのでビールも飲まず40ドル分も一人で食べた私は、まるでアホ…。払いをすませた妻にあきれられました。（NLB）

(3’) 憧れる

清原は野球少年に憧れられますか？ (NLB)

(4’) 倦む

(直接受身の用例は見つからなかった)

(5’) 満足する

利用者との双方向のコミュニケーションを図りながら、利用者ニーズに対応したサービスの提供を図り、利用者に満足され、信頼される水道を目指します。

(www.city.sapporo.jp/suido/c03/c03third/.../08_14.pdf)

(6’) 驚く

もちろんここでも無農薬栽培。「スキーに来たお客さんに山菜を出すと驚かれますね。お客さんが必要なときに必要なものを必要なだけ提供する」。 (NLB)

(7’) 感謝する

わたしの願いは、明治から大正・昭和と、現代に伝わったヒコの墓を、在るがままの姿で次代に残したいというのである。ヒコは新聞の父として、およそ新聞を読むほどの全日本人に感謝されてよい人である。 (NLB)

(8’) 失望する

優秀な大学を出ているのですが、彼女は勉強が苦手。母親の期待にそえず、そのことで母親に失望されていることはわかっていました。私は嫌われている。いえ、軽蔑されている。 (少納言)

(9’) 同情する

ダビデは、彼にとっては見知らぬ人物であり、宗教上の敵であったガテの王アキシに同情された。エリザベスは、友人ではあるが宗教上では相容れない仲であったスペインのフィリップに同情された。 エリザベスとダビデの共通点の一部として、レイは契約の箱に言及している、「ダビデは、契約の箱をレビ人の手に

よって町の中に運び入れた」。　(NLB)

当たり屋に当たられたことありますか？二度ほどしか、無いです…

警察に、同情されます。

(10')びっくりする

…とあるテレビ番組で僕がピアノを弾くことになって、僕は歌詞がないと覚えられないんで勝手に歌詞をつけて演ったのがきっかけだったんですけど、小倉（博和）さんがイメージした景色と同じものだと本人にびっくりされました。

以上のように、これらの対象格を持つ「ニ」格感情動詞の直接受身の主語が有情物である場合は、直接受身文が成立することが分かる。しかし、表4-9のaの無情物を主語とした受身文は、以下のようになる。

(1) a. しかし、全部食べるまでにクリームの味に飽きてくる。(NLB)
→　しかし、全部食べるまでにクリームの味は私に飽きられてくる。

(2) a. 母は息子のだらしなさにあきれた。　(『日本語基本動詞用法辞典』)
→　息子のだらしなさは母にあきれられた。

(3) a. 情熱的な恋に憧れる。　(『スーパー大辞林3.0』)
→　情熱的な恋は（私に）憧れられる。

(4) a. 仕事に倦む。　(『スーパー大辞林3.0』)
→　仕事は（私に）倦まれる。

(5) a. 日々の生活にはまあまあ満足している。　(NLB)
→　日々の生活は（私に）まあまあ満足される。

(6) a. この手の相談が多いことに驚きます。 (NLB)

→ この手の相談が多いことは（私に）驚かれる。

(7) a. 私は彼らの協力に感謝している。 (NLB)

→ 彼らの協力は私に感謝されている。

(8) a. 非常に親切なもてなしを受け、率直な話し合いが出来たが、結果には失望している。 (NLB)

→ 非常に親切なもてなしを受け、率直な話し合いが出来たが、結果は（私に）知失望されている。

(9) a. 同級生の成瀬正一はいたく菊池の境遇に同情した。 (少納言)

→ 菊池の境遇は同級生の成瀬正一にいたく同情された。

(10) a. 家の電気の明るさにびっくりした。 (NLB)

→ 家の電気の明るさは（私に）びっくりされた。

これらを見ると、非文か或いは非常に不自然な文になることが分かる。このことから対象格を持つ「ニ」格感情動詞の直接受身の主語（感情の対象）は、有情物であれば成立するが、無情物では一般的に成立しないものと思われる。

このことから、前述した 1）の例（4）の深層格に対象格を持つ「ニ」格感情動詞「倦む」には直接受身文の例文が見つからなかった理由は、「ニ」格感情動詞「倦む」の対象格が全て無情物であるためではないだろうか。

ただ、無情物を対象とする「ニ」格感情動詞の直接受身は、常に成立しないわけではなく、成立する場合もまた成立しない場合もある。次にこの問題について論ずることにする。

4.6.2　直接受身成立と主語の無情性について

前節に挙げた「ニ」格感情動詞の対象格が無情物である場合には、直接受身は一般的に成立しないと述べたが、次の（21）（24）（28）のように無情物を主語とした「ニ」格感情動詞の直接受身が成立する場合もある。

（21）テレビの馬鹿番組はもう飽きられている。

（24）発表当時，多くの数学者から反対されるか，或いは快く受け入れられなかったこの無限を背景とした空々漠々とした理論は、…

（28）…とごとくゴールデンで台無しにするという、広告収入を稼ぐためのその手法は既に視聴者から飽きられています。また、結末が出る直前にＣＭに入っていて、それが視聴者の不評を買っている。

これらの例の主語である「テレビの馬鹿番組」「理論」「広告収入を稼ぐためのその手法」などは、いずれも有情物ではなく無情物であることが分かる。しかし、前節で「ニ」格感情動詞の直接受身文の主語は一般的に有情物でなければならないと述べたが、この場合は明らかに無情物である。それでは、なぜこのようなことが起こるのであろうか。

前にも述べたが、石川（1991）は、一般的に通常の受身、即ち直接受身は、能動文の対象が有情物である場合にのみ起こり、日常的、個人的な場面では、無情物を対象とし、自動詞の場合には、その受身文は、被害・迷惑の受身、即ち間接の受身になると述べている。ただ、「日常的な場面から離れた歴史的なこと、一般的な事項や、特別な行事など」では、通常の受身、即ち直接受身が成立すると述べている。

このことから考えると、(21) (24) (28) は一般的な社会現象であり、石川のいう日常的な場面から離れた一般的な事項に相当することが分かる。そのため、(21) (24) (28) は無情物を主語としているが、直接受身が成立可能であると考えられる。

4.7 「ニ」格感情動詞の直接受身文の成立条件のまとめ

以上によれば、「ニ」格感情動詞の直接受身文の成立条件について考察してきたが、その結論をまとめると以下のようになる。

①「ニ」格感情動詞の「ニ」格の深層格は「対象格」と「原因格」があるが、直接受身文が成立するものは「ニ」格の表すものが対象格でなければならない。

②「ニ」格感情動詞の直接受身文の主語は、一般的に有情物でなければならない。

③「ニ」格感情動詞の受身文の主語が無情物であっても、日常的な場面から離れた歴史的なこと、一般的な事項や、特別な行事などの場面は、通常の受身、即ち直接受身が成立する。

図にまとめると以下のようになる。

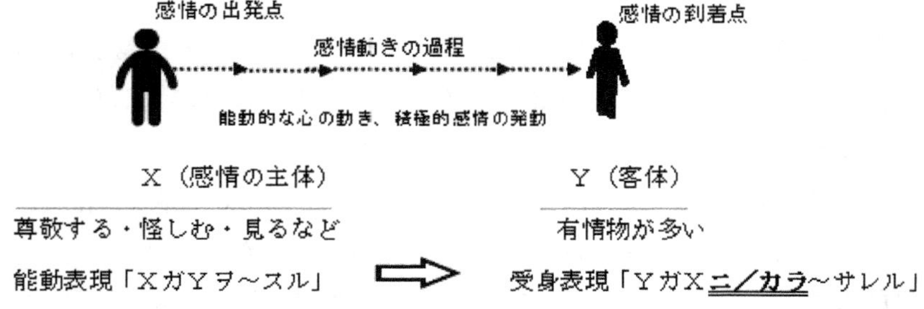

図 4-6 「ニ」格感情動詞の直接受身成立条件

4.8 まとめ

以上見てきたように、日本語の感情動詞は「ヲ」格の感情動詞と「ニ」格の感情動詞の二種に分けられている。また、「ヲ」格の感情動詞は全て単独他動詞であるのに対し、「ニ」格感情動詞は全て単独自動詞であり、しかも、これらの「ニ」格感情自動詞は、自動詞であるにも関わらず、他動詞と同じような働き、即ち、直接受身が可能という働きを持つことが言える。

また、殆どの「ヲ」格感情動詞は、一般の直接受身が可能であるが、ごく一部は、一般の直接受身は成り立たず、特別な直接受身表現、即ち、「自発的受身」となることが分かった。

「ニ」格感情動詞の深層格には「対象格」と「原因格」の二つがあり、「原因格」の「ニ」格感情動詞は、直接受身ができないのに対し、「対象格」を持つ「ニ」格感情動詞は、自動詞であるにも関わらず、直接受身が可能であることが明らかになった。

さらに、感情動詞の直接受身文の主語は、能動文において「ヲ」格であるか「ニ」格であるかに関わらず、日常的な場面では、必ず有情物でなければならないということが分かった。ただし、非日常的な場面では、無情物が直接受身文の主語となる可能性がある。

以上の分析から、日本語感情動詞の分類、それぞれの動詞の性格、直接受身文の成立条件、また、成立した直接受身文の名詞の性格、及び「ニ」格の深層格の働きかけなどをまとめると、次の図 4-7 のようになる。

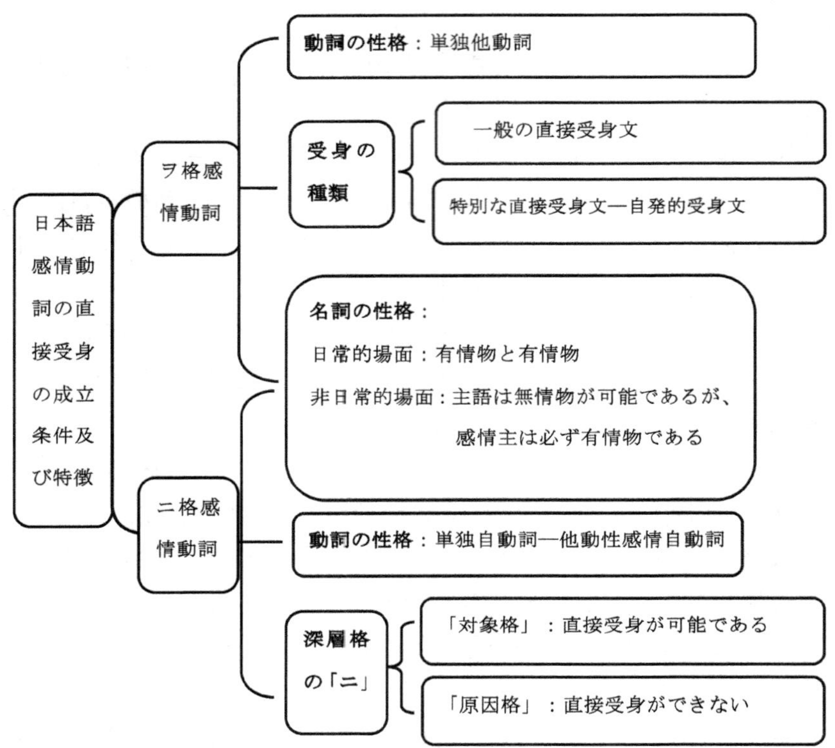

図 4-7 日本語感情動詞の直接受身の成立条件及び特徴

第5章

中国語の受身表現

現代中国語の受身表現について述べたもので最も古いものは、黎锦熙（1924）であろう。黎锦熙（1924）は、「被字句」が中国語の受身表現の典型と指摘している。また、吕叔湘（1956）も、“被”が付いているかどうかが受身文であるかどうかを示すものであると指摘している。ただ、これらは極簡単に触れているだけで、中国語の受身について本格的に分析したのは王力（1943）が初めてである。

5.1　中国語の受身の定義及び分類

5.1.1　王力の「受身説」

王力は『中国現代語法』（1943）[39]で中国語の受身を「被動式」と称し、中国語受身の定義、特徴、種類、語彙的特徴について、外国語主に西洋語との違いを、意味、構造などの面から分析を行い、以下のように述べている。（訳文は筆者訳である）

> 叙述句有主动式和被动式的分别。（一）谓语所叙述的行为出自主语者，叫作主动式，例如“他打了你”中，“他”是主语，而“打”的行为是由“他”发出的。（二）谓语所述的行为是施

39　本論文においては『王力全集』第2巻の「中国現代語法」（1985）所収の「中国現代語法」を用いた。

于主语者，叫作被动式，例如“你被他打了”中，“你”是主语，而“打”的行为是施于“你”的。

中国語の文（叙述文）には、「主動式」（能動文）と「被動式」（受身文）の二つがある。（一）動作主が主語である場合には、「主動式」（能動文）である。例えば：「他打了你（彼があなたをなぐった）」は、「他（彼）」が主語であり、「殴る」という行為が彼から出たということである。（二）主語が動作主ではなく動作の受け手である場合には、「被動式」（受身文）である。例えば、「你被他打了（あなたが彼に殴られた）」という文の「你（あなた）」は主語であるが、「打（殴る）」は「你（あなた）」に向かう行為である。

咱们平常说话，在叙述行为的时候总是用主动式居多；被动式只是一种特殊的形式。两种句子非但意义不完全相同，其作用也不完全相同。当我说“他打了你”的时候，我的目的是说“他”；当我说“你被他打了”的时候，我的目的是说“你”。

日常会話では、行為について叙述する時には、「主動式」（能動文）のほうが多い、「被動式」（受身文）は、ただ一つの特殊な形式となる。この二つの構文は意味だけでなく、機能も異なっているところがある。「他打了你（彼があなたをなぐった）」を言う時、話者は「彼」を強調するが、「你被他打了（あなたが彼に殴られた）」を言う時、話者は「あなた」を強調する。

被动式所叙述的，若对主语而言，是不如意或不企望的事；如受祸、受欺骗、受损害，或引起不利的结果等等。

「被動式」（受身文）が叙述した内容は、主語にとって、よくないことや望ましくないことばかりである。例えば、被害を被ること、騙されること、損害、不利益を被ることなどである。

定义

定义五十：凡叙述词所表示的行为为主位所遭受者，叫作被动式。

定義

定義五十：「叙述詞」で表わされる行為の受け手が文の主語で、動作の影響により被害を被るものを「被動式」（受身文）と称する。

（『王力文集』第二巻 p 131—137）

これによると、王力（1985）は、「被動式（受身）」について、動作が何ものかに働きかける場合に、その動作を受けるもの、即ち被害を受けるものがその文の主語となる表現であると定義している。また、中国語の能動文と受身文には、目的語、或いは話し手の視点の違いがあり、「并非一切的主动式都可改为被动式（全ての能動文に対応する受身文が存在しているわけではない）」とも指摘している。さらに、「被動式」には、主語に対し、よくないことや望ましくないことばかりである（被害を被ること、騙されること、損害、不利益を被ることなど）としている。また、王力は、これに対し、近代では西洋語の影響で、「他被选为了会长（彼が会長に選ばれた）」のような利益に成ることも「被動式（受身）」構文で表現できるようになってきたと述べている。この点について、趙元任（1968）は同じ見解を持っている。趙（1968）は、「“被”字句的动词一般限于有处置意义的，并且是属于不利的一面的。但近年来这个限制已被打破，主要由于受到外语的影响，如“那封信还没有被他收到”习惯的说法是“那封信（他）没收到”（被字句の動詞とは、一般的に処置の意味を持つ動詞に限り、しかも不利益方面に属している。しかし、近年、外国語の影響でこの制限は破れてしまった。例えば、『あの手紙はまだ彼のところに届けられていない』は常に『（彼は）まだあの手紙をもらっていない』と表現する）」と述べている。また、張芸（2009）も、従来、中国語の受身文は全体的に思いのままにならないことや不愉快な内容を表すとされてきたが、受身文のデータを分析した結果、被害受身表現は45.4％であるのに対し、中立受身表現は39.6％、恩恵受身表現は15％であると述べている。従って、中国語の受身表現は、意味上から見ると、本来は被害・迷惑などの不利益な意味しか表さない表現であったが、現在では西洋語の影響で、受益的なことや中立的なことも表現できるようになってきたということが分かる。一方、この点では、日本語の直接受身表現は中国語の受身表現とは異なり、松下大三郎などが述べているように、不利益だけではなく利益の意味も表現できるということである。

また、王力（1985）は、「被」を助動詞とし、「被」の他に、「还有助动词“叫”字（由动词变来），比“被”字的语意轻些（筆者訳：また他の助動詞『叫』（動詞から変化してきた）があり、被害のニュアンスが『被』より軽い）」と述べ、それらよりさらに古い「被動式（受身）」は「“为……所”」であり、当時の言い方では「“被……所”」となるとしている。一方、「“挨”[40]“受”[41]之类，就更不能认为是被动句式了（「挨」と「受」などは被動式と

40 「挨」とはいやな目に遭う／遭わされるといった場合に使用される。受動標識である。

41 『超級クラウン中日辞典』によると、「受」の意味は①「不幸に遭う、損失を被る」という意味以外に、②「受ける、受け取る」と言う意味もある。ここでは王力のもとの意味によって①のみを取り上げている。

してはいけない)」と述べている。即ち、王力（1985）は、「挨」と「受」字句を「被動式（受身)」に入れていないことが分かる。

以上挙げた「被」「叫」「为……所」「被……所」「受」について、それぞれ以下のような例を挙げている。

（1）我们被人欺负了。
我々は人に苛められた。（筆者訳）

（2）叫有学问的人听了，反笑话。
学問のある人に聞かれたら、逆に笑われてしまう。（同上）

（3）宝玉……却为一枝海棠花所遮。
宝玉は……海棠の花に遮られていた。（同上）

（4）也有说父母已亡，或被叔伯兄弟所卖的。
（彼女は）親が亡くなってから、従兄弟に売られたそうだ。（同上）

（5）老虎受了狐狸的骗。（被動式（受身）ではない）
虎が狐に騙された。（同上）

さらに、王力は、以下の（6）（7）のような例を挙げ、「被动句的主语并不是直接的受事者，只是间接的受事者（「被動句」の主語は直接の受け手ではなく、ただ間接の受け手である)」とし、初めて日本語のように「直接」、「間接」という構造的な観点から中国語の受身を分析している。つまり、王力（1985）が初めて意味的な観点（被害）と構造的な観点（「直接」、「間接」）から中国語の受身表現について分析を行っていることが分かる。

（6）宝玉……被袭人将手推开。
宝玉は袭人に手を押された。（筆者訳）

（7）司棋被众人一段好言语，方将气劝得渐平了。

司棋はみんなのとりなしで（によって）、やっと怒りを静めた。（筆者訳）

王力の見解をまとめると、以下の図 5-1 のようになる。

王力の被動式説

定義：「凡叙述词所表示的行为为主位所遭受者」

（叙述詞（動詞）で表わされる行為の受け手が文の主語で、動作の影響により被害を被るものを被動式（受身文）と称する。）

被／叫：助動詞

被動式の文型：①为……所　②被……所

③被／叫字句　④没有被的被动式（「被」はない被動）

☆ 意味的な観点から：

①本来の被動式文（受身文）：よくないことや望ましくないこと

②西欧語の影響により生じた被動式文（受身文）：受益的、中立的

☆ 構造的な観点から：（主語の立場から）

①動作の直接受け手：「我们被人欺负了。

（我々は人に苛められた。）」

②動作の間接受け手：「宝玉……被袭人将手推开。

（宝玉は袭人に手を押された。）」

図 5-1 王力（1985）の受身構文説

5.1.2　中国語の「被動句」の定義及び特徴

先に述べた王力（1985）の中国語の「被動式」構文の定義に対し、北京大学で編集された『现代汉语』（現代漢語）（1993：310）では、「主语对谓语来说，有些主语是受事。汉语中，主语是受事的句子（简称受事主语句）就是被动句（述語に対して一部の主語が動作の受け手である場合がある。中国語では、主語が動作の受け手である構文は（「受事主語句」と略称）「被動句」である）」と定義し、「第一，主语所指的事物总是确定的，或是泛指的。第二，谓语往往是复杂的，即谓语不能是单个动词。（第一、主語はいつも確定されているか、特定せずにまとめて指されているものである。第二、述語は一般的に複雑であり、つまり単独動詞にはならない）」という特徴があると指摘している。この「单个动词（単独動詞）」とは、豊嶋（1992）によれば、「一音節動詞」或いは「裸の動詞」というもので、付加成分の付かない動詞である。また、これに対し、「复合动词（複合動詞）」（豊嶋 2007 は「二音節動詞」）とは、単独動詞に付加成分の付いたものであり、例を挙げれば、「忘记（忘れた＋てしまう）」、或いは、「炸毁（爆発する＋壊れた）」のようなものである。王によれば、これらの「複合動詞」は受身が成立するという。これに対し、豊嶋（2007）は、単独動詞にも複合動詞にも受身が成立可能であるとし、「"被"字句」の成立条件は、「不本意・迷惑といった意味上の制約を離れた場合『述語が動作・行為を受けた受事側の結果・状態にまで言及し得る表現となっている』」と述べ、「那件事被忘记了（あのことは忘れられた）」のような「単独動詞」の有標の受身文と「我的祖国也解放了（私の祖国も解放された）」のような「複合動詞」の無標の受身文の例を挙げている。

黄伯荣、廖序東（1997）は、「"被"字句是指在谓语动词前面，用介词被（给、叫、让）引出施事或单用被字的被动句（「被字句」

とは、述語動詞の前に介詞の被（给、叫、让）によって動作主を引き出すか、動作主のない「被動句」である)」としている。

以上のように、本来の中国語の受身構文は被害・迷惑などのマイナスの意味があるが、西洋語の影響によってプラスの表現も可能になってきていることが分かる。

5.1.3　中国語の「被動句（受身文）」の分類

吕叔湘（1992）は、動作の対象となる名詞が主語の位置に置かれることがあり、これは受身文であるとしている。受身文では、動作の主体となる名詞は出さなくてもよいし、介詞「被・叫・让」によって導入されることもあると述べている。

吕叔湘（1980）は、「被動句」を以下の三つに分け、それぞれ用例を上げている。

A.「完全的被动句」（完全な「被動句」）：受動者と動作主の両者がある構文

文型：[受動者＋被＋動作主＋動作]

（8）但是我们确信：一切困难都将被 全国人民的英勇奋斗 所战胜。

しかし、全ての困難が全国人民の英雄的な奮闘によって勝ち取られると確信している。（訳文は筆者訳である。以下も同じ）

B.「简化的被动句」（省略された「被動句」）：受動者しかない構文

文型：[受動者＋被＋動作]

（9）儿童们 被组织起来了。

児童達が集められてきた。

C. 「意念上被动句」（意味上の「被動句」）：

文型：[受動者＋動詞]

（10）这种书照例卖得很快。

このような本はいつものように（人に）売られるのがはやい。（直訳）

このような本はいつもすぐ売れてしまう。（意訳）

即ち、吕叔湘（1980）は、動作の受け手（受動者）と動作主の有無、及び受身標識[42]「被」の有無により受身を分類していることが分かる。

傅雨賢（1986）は、介詞「被、叫、让、给」を中国語の「被動句」（受身文）の標識とし、「被動句」を「有形式标志的被动句（受身標識のある「被動句」＝有標の「被動句」）」と「没有形式标志的被动句（受身標識のない「被動句」＝無標の「被動句」）」の二つに分けている。また傅（1986）は、「衣服洗过了（服は洗われた）」や、「他受了批评（彼は叱られた）」なども「没有形式标志的被动句（無標の「被動句」）」としている。つまり、前述した王力（1985）は、「受・挨字句」などは被動式（受身構文）ではないとしているのに対し、傅（1986）は、上に述べた「被、叫、让、给」のような受身標識の有無によって受身を分析していることが分かる。

趙清永（1993）は、「"被动动词句"，即由"受"[43]"遭"等遭受类动词充当谓语的句子（被動動詞句、即ち、「受、遭」など好ま

42　マーカー（marker）の意。

43　中国語の「受」は被害を受けるといったニュアンスがあり、好ましい感じをあまり受けない。

しくないことを被る類の動詞文)」という構文も中国語受身構文の一つであるとしている。即ち、趙（1993）は、先に述べた傅雨賢（1986）の観点を受け継いでいることが分かる。さらに、趙は「受、遭」などを介詞とせず、動詞とし、「受、遭」などの「被動句」を「被動動詞句」と称している。

さらに、張興旺（2008）は、傅雨賢（1986）を受け継いで、まず、「"被""叫""让""给"」などの受身標識の有無により、中国語の「被動句」を「标志型被动句（有標の「被動句」)」と「无标志型被动句（無標の「被動句」)」の二つに分け、「标志型被动句（有標の「被動句」)」を、また標識の種類により、「介标型被动句（介詞型「被動句」)」と「动标型被动句（動詞型「被動句」)」の二つ分け、「无标志被动句（無標の「被動句」)」を、「相对无标志被动句（相対無標識「被動句」）[44]」と「绝对无标志被动句（絶対無標識「被動句」）[45]」の二つに分けている。さらに、それらについて下位分類を行っている。張（2008）の見解を図にまとめると次の図 5-2 のようになる。

44 「相対標識『被動句』」とは、受身標識を付けることも付けないことも可能なもの。
45 「絶対無標識『被動句』」とは、受身標識を付けることができないもの。

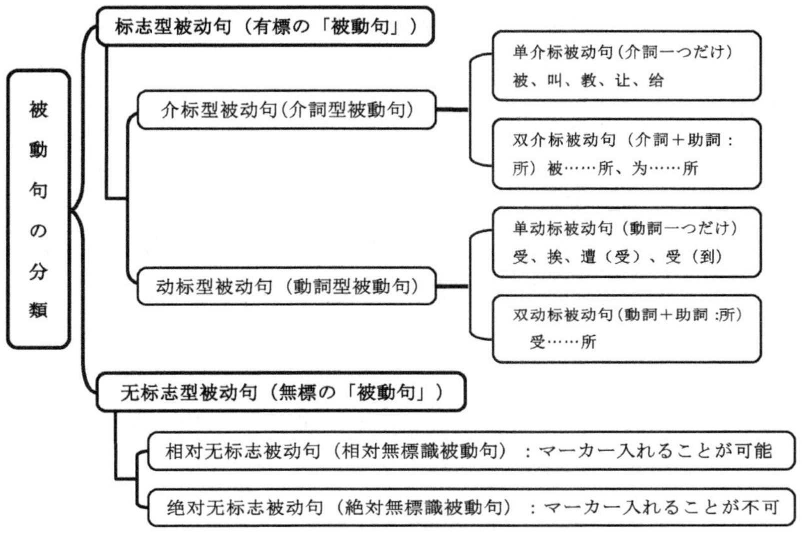

図 5-2　張興旺の「被動句」の分類

劉月華他（1991）は、中国語の受身構文を二つに分けている。一つは、受身の意味を表す介詞、即ち、受身標識の「被、叫、让、给」などを用いる文である。このタイプの受動文は普通“被”で代表され「被字句」と呼ばれる。もう一つは、標識のないもので、「意义上的被动句」（意味上の受身文）と呼ばれる。また、劉他（1991）は、動作の受け手が動作の影響を受けたことを表すのに、中国語では多く意味上の受動文を用い、受け手を主語の位置に置き、述語をその後に置くとし、動作主が文中に現れる場合は受け手の後ろに置かれると述べている。このような文の構造や語順は一般の能動文と同じであるとしている。これによれば、中国語では、「意味上の受動文」は語順が普通の能動文と同じであり、「被字句」より多く使われているということが分かる。

その後、陳昌来（2000）も、同様に「被字句」と「意義『被動句』」（意味上の受身文）の二つに分けている。

高橋弥守彦（2013）は、中国語の受身表現を「被字句」「意味上の受身表現」「語彙上の受身表現」の 3 種に大別し、中国語の受身表現の組立構造を以下のようにしている。

①被字句の組立構造：

①－ 1. ［名詞 1 ＋“被 / 为（為）”＋名詞 2 ＋“所”＋動詞］
他被 / 为这本人物传记所吸引。（引き込まれた）
彼はこの伝記物語にひどく夢中になった。

①－ 2. ［名詞 1 ＋“被”＋名詞 2 ＋動詞＋“为 / 做 / 作 / 成”＋名詞性語句］
黄河被中国人叫作母亲河。
黄河は中国人から「母なる大河（たいが）」と言われている。

①－ 3. ［名詞 1 ＋“被 / 让 / 叫 / 给”＋名詞 2 ＋動詞＋その他］
真皮沙发被人划了一条缝。
本革のソファーは誰かにナイフで傷を一筋つけられた。

①－ 4. ［名詞 1 ＋“被 / 让 / 叫”＋名詞 2 ＋“给”＋動詞＋その他］
他被 / 让 / 叫这本人物传记给吸引住了。
彼はこの伝記物語にひどく夢中になった。

①－ 5. ［名詞 1 ＋“被 / 给”＋動詞＋その他］
他被 / 给吸引住了。

彼は夢中になった。
小呉被给批评了几句。
呉君はちょっとお説教された。

②「意味上の受身表現」の組立構造：
[名詞 1 ＋（名詞 2）＋動詞＋その他]
公园建成了，树叶栽培起来了。
公園が造られ、木も植えられた。
信我写好了。
手紙は書きました。

③「語彙上の受身表現」の組立構造：
[名詞 1 ＋“遭 / 受（到）”＋名詞 2 ＋的 + 動詞]
今天我受到老师表扬。
今日私は先生に褒められた。
〔高橋弥守彦（2013）による〕

以上のように、高橋は中国語の受身を「被字句」「意味上の受身表現」「語彙上の受身表現」の 3 種に分けているが、前述した张興旺の「被動句」の図 5-2 の分類と比較してみると、高橋の「被字句」が張の「有標の『被動句』」の中の「介詞型『被動句』」であり、「意味上の受身」は張の「無標の『被動句』」の中の「絶対無標識『被動句』」であり、「語彙上の受身」は張の「有標の『被動句』」の中の「動詞型『被動句』」であることが分かる。

王暁潔（2014）は、中国語の受身は「被」の有無により、有標の受身文（即ち被字句）と、無標の受身文（即ち意味上の受身文、或いは概念受身文）の二つに分けられるとしている。また、「被」については「叫、让、给」などに交換可能であり、「叫・

让・给」が付いている受身文は有標の受身文の一種としている。

以上のように、中国語の受身構文の分類は研究者によって様々であるが、主に受身の標識である介詞「被、叫、让、给」などの有無により、大きく「標識のある被動句」と「標識のない被動句」の二つに分けられている。

5.1.4 中国語の受身構文のまとめ及び本論文の立場

以上のように、中国語の受身の定義は、王力（1985）、北京大学の『現代漢語』（1993）を基にすれば、主語が動作主ではなく、文のその動作の受け手、或いは間接の受け手である構文が中国語の受身構文、即ち「被動句」であると定義できる。

また、中国語の受身構文は、研究者により、「被動式」「被字句」「被動句」など様々に名付けられているが、一般的に「被動句」がよく用いられている。なお、「被動句」は受身表現全般を表し、「被字句」は、受身標識「被」の入った受身文を表す。中国語の受身文全体、即ち「被動句」とは異なり、ただ、その中の一つの表現にすぎない。

この「被動句」に関する分類は様々あるが、主に、受身標識の有無によって「有標の被動句」と「無標の被動句」の二つに分けられている。

本論文では、中国語受身構文を「被動句」と称することにする。「被動句」の分類については、張興旺（2008）に基づき、大きく「有標の被動句」と「無標の被動句」の二つに分け、「有標の被動句」をさらに介詞の「被、叫、让、教、给、被……所、为……所」などの「介詞型被動句」、動詞の「受、挨、遭（受）、受到」などが付いた「被動句」を「動詞型被動句」とする。なお、「無標の被動句」は、日本語学習者及び研究者によってしばしば「意味上の受身文」と称されている。

5.2　中国語他動詞の受身表現及び成立条件

日中受身表現に関しては、対照研究の立場から様々な研究がなされてきた。例えば、動作の受け手の主語と動作主の有情・無情性、被害か中立かといった意味的な分類、「意味上の受身」など多くの面から分析されてきた。大河内（1983)、望月（1983)、藩(1984)、鄭（1996)、姚（2002)、胡（2003)、中島（2007)、村松(2007)、楊（2009)、高橋（2011)、路（2014）などが挙げられる。

一方、動詞の自他という観点からは、他動詞受身表現の日中対照研究は圧倒的に多い。これに対し、自動詞受身表現についての日中対照研究は極めて少ない。本章では中国語自動詞の受身表現について分析にするが、まず、自動詞受身表現を分析する前に、中国語他動詞の受身表現について次に簡単にまとめておくことにする。

呂（1980•1992)、大河内（1983)、豊嶋（1988)、木村（1992)、中島（2007)、楊（2009)、路（2014）などが、中国語の他動詞受身文の成立条件について分析している。

呂（1980・1992）は、中国語の受身の主語は「動作の対象で、常に特定の事物を表す」とし、「動詞は一般に単純な動詞ではなく、複合動詞或いは動詞句、少なくとも後ろに‘了’[46]或いは‘过’[47]をともなう」と述べている。

豊嶋（1988：107）は、中国語受身文成立の条件の一つとし、

46　呂叔湘（1992：239）は「了」について、「【助詞】１‘了’には２種類ある。‘了1’は動詞の後ろに用い、主として動作の完了を表す。動詞が客語（目的語：筆者注）をとるとき、‘了1’は客語の前に置く。‘了2’は客語の後に置き、主として事態に変化が起きたこと、あるいは今にも変化が起きることを認め、文を完結する働きを持つ」と述べている。例えば、前者の‘了1’には「问了老汪（汪さんに尋ねた)」のような例があり、後者の‘了2’には「刮风了（風が吹き出した)」などのような例が挙げられている（例は筆者)。

47　呂叔湘（1992：158）は「过」を「【助詞】のアスペクトを示す」と説明している。

「『被』文の述語は、普通結果や状態の意味を合わせ持つことが要求される」とし、「述語が動作・行為を受けた受事側の結果状態にまで言及し得る表現となっていること。(結果・状態補語や“了”“着[48]”の付加、或いは動詞自体がそのような意味持つ)」と述べている〔楊(2009)〕。本論文では、便宜上中国語の「了、过、着」などの助詞を「アスペクト詞」と称することにする。

木村(1981・1992)も、結果表現が中国語の受身文成立の必須要素であると指摘している。

また、楊彩虹(2009)は、中国語の受身文は他動詞さえあれば、必ず受身文が成立するというわけではなく、動詞に結果補語などが必要とされる場合があると指摘している。

中島(2007)は木村(1981・1992)の「結果表現が中国語の受身文成立の必須要素」という説を受け継いだ上で、中国語の受身文の成立する具体的な条件を考察している。その「結果表現」については、中島(2007)は、中国語の他動詞受身文の成立条件は、受身標識「被」の後に「結果補語(日本語では結果動詞という)」を付加することであると述べている。

これに関する用例は、以下の(11)(12)のようになる。

(11) a. ＊我的手被母亲拧了。
私の手は母につねられた。
b. 我的手被母亲拧住了。
私の手は母につねられている。
(12) a. ＊门被太郎推了。

48 呂叔湘(1992：486)は「着」について、「【助詞】アスペクトを表す助詞。動詞・形容詞の後ろに直接付ける」と述べ、①動作が今進行していることを表す意味と、②状態の持続を表す意味と、③存在文に用い、状態・姿を表す意味という三つの意味があると指摘している。

ドアが太郎によって押された。

b. 门被太郎推开了。

ドアが太郎によって押し開けられた。

中島（2007）は、例（11）aの中国語では、「単独動詞“拧”からなる」。（11）aの「受身文の非文法性」に対し、（11）bの「受身文の文法性は、明らかに動詞“拧”に結果動詞“住”の付加された『動詞＋結果動詞』（“拧住”）による」と述べ、（12）aの「非文法的なのは、主語に立つ対象名詞句“门”（門[49]）へ直接的動作を表す“推”（押す[50]）のみでは、その動きの作用や影響を被った結果、変化した“门”（門）の状態が記述できないからである」とし、それに対し、（12）bでは、「“推”（押す）」した結果、「結果動詞“开”（開ける）」によって明示されているから、「文法的となる」としている。これによって、中国語の受身表現は「結果の表現と極めて密接に結びついている」と述べている。

中島のこの説によれば、まず、［動詞＋結果補語（結果動詞）＋了］という構造が中国語の「結果表現」の一つとなり、また、中国語を［主語＋被＋（動作主）＋動詞＋結果補語（結果動詞）＋了］という文型にすれば、直接受身文が成立すると言えよう。つまり、中国語の他動詞受身構文はいわゆる単なる動作の受身ではなく、動作を受けた後の結果の残った状態を表すということができるかもしれない。

従って、（11）aの受身文「＊我的手被母亲拧了（私の手は母につねられた）」では、母が私の手を「つねった」という動作を加えたという意味を表しているが、「つねった」後、手が痛くなったり、赤くなったり、血が出たりするといった結果が表され

49 「（ ）」は筆者入れたものである。

50 同上。

ていない。従って、中国語受身文の成立条件の一つである「結果表現」がないため、直接受身文は成立しない。この文に「住（結果補語)」を加えれば、「我的手被母亲拧住了（私の手は母につねられている)」となり、直接受身文が成立する。

ここで、例（12）を以下の図 5-3 ように図化にして分析する。

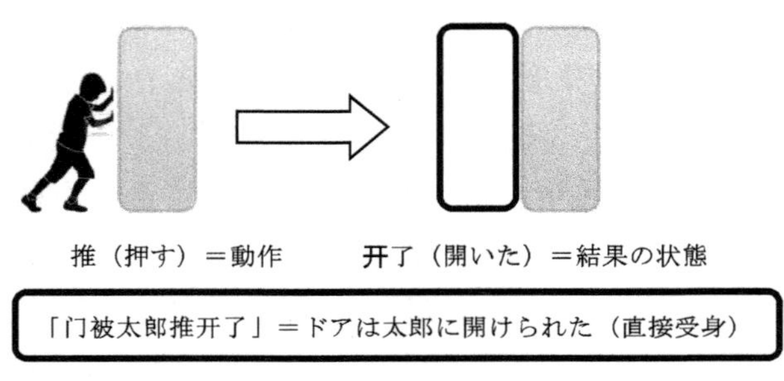

図 5-3　（12）b「门被太郎推开了」

（12）a の場合は、（12）a の「＊门被太郎推了」は、「推（押す)」という動作だけであるため、直接受身文は成立しない。(12) b の場合は、「推（押す)」という動作の後に、その結果「开了」（開いた）という結果が残った状態を表しているので、始めて直接受身文になるのである。

一方、(12) b の「门被太郎推开了」の日本語直訳文は、「ドアは太郎に開けられた」は非文となる。これはドアが無情物であり、日本語においては無情物を主語にした直接受身文は成立しないからである。日本語では、有対他動詞の場合は、動作の結果の残った状態を表現するためには、「ドアが開いた」と有対自動詞を使う。また、単独他動詞の場合は受身形ではなく、「てある」を用いるのが一般的である。

また、中島（2007：160）は、「中国語の結果表現とはいわゆる結果補語、様態補語、数量補語などを指す」と述べ、下記の（13）bの「拧了一把（1回つねられた）」のような「数量表現」、（14）bのような「助詞“得”を伴う形式のいわゆる『様態補語』も結果的表現を可能」としている。即ち、上記の［主語＋被＋（動作主）＋動詞＋結果補語（結果動詞）＋了］の文型以外に、中国語を以下のような文型にすれば受身文も成立できるだろう。

［主語＋被＋（動作主）＋動詞＋（アスペクト詞）了＋数量詞］、［主語＋被＋（動作主）＋動詞＋助詞“得”＋様態補語（結果／状態）］[51]

（13）a. ＊我的手被母亲拧了。
私の手は母につねられた。私は母に手をつねられた。（直訳）
b. 我的手被母亲拧了一把。（一把＝数量詞）
私の手は母に1回つねられた。　私は母に手をつねられた。（直訳）

（14）a. ＊杯子被太郎摔了。
コップが太郎によってわられた。
b. 杯子被太郎摔得粉碎。{“得”＋粉碎＝様態補語（結果／状態）}
コップが太郎によってわられて、こなごなになった。

51　「得」について、呂叔湘（1992：92）は、「【助詞】程度あるいは結果を表す補語をつなぐ。基本形は‘動／形＋得＋補’」と述べている。ここの動は動詞、形は形容詞、補は結果補語である。また、中島（2007：96）の原文は「中国語文法では、助詞“得”に程度或いは結果を表す補語が接続する形式を様態補語と呼んでおり、刘他（1991）によると、様態補語を含む文の中には、その述語動詞或いは形容詞がしばしば原因を表し、“得”の後の補語が結果—即ち動作や状況が動作の仕手（当事者）または受け手に何らかの様態を出現させることを表すものがある、と説明される」と述べている。さらに、豊嶋（1992：14）は、「得」の後の補語を「様態補語」ではなく「状態補語」とし、「河水被晚霞照得有些微红（河水は夕焼けに照らされてうっすらと赤い）」という例を挙げている。

さらに、中島（2007）は志賀直哉の『暗夜行路』と孫日明他によるその中国語の翻訳を用い、日中受身文の異同について分析している。中島（2007）は他動詞受身文の日中対照を行い、日本語の直接受身文に対応する中国語の受身文は、受身表示形式“被”などのついた典型的な「被」受身文の使用頻度が非常に少なく、その多くが他動詞能動文、意味上の受身文や存現文[52]を含む自動文、語彙的受身文などによる代替であると述べている。一方、中国語の「被」受身文に対応する日本語の直接受身文は、その使用頻度は極めて高いとしている。

楊彩虹（2009）は、主に直接受身文の日中対照研究に関するものである。動詞については、中島（2007）に比べ、楊（2009）はより詳細に考察を行っている。楊（2009）は、日本語では他動詞で受身文を自然に作ることができるが、中国語では、作れる場合もあれば、作れない場合もあると指摘している。具体的に言えば、中国語では結果性の強い他動詞の場合、アスペクト詞の“了”“着”“過”を付けることによって受身文が成立すると言う。しかし、結果性が明確でない場合は、アスペクト詞を付けても結果の実現を含意しないため、受身文にはならないとしている。また、動詞の後に必ずなんらかの結果補語、様態補語を付けなければ受身文にならないとしている。さらに、量的限定などの手段によってイベントを具体化することで受身文が成立すると言う。

楊の説をまとめると下のようになる。

---

52 中島（2007：50）は、中国語では、状態動詞“有”（いる／ある）を伴う単純な存在文や、「周家来了个客人（周さんの家にお客が来た）」のような事物の出現・消失，「下雨了（雨が降った）」のような自然現象を表す現象文などを含め、「存現文」と呼ばれると指摘している。

結果性の強い他動詞の場合：
［主語＋被＋（動作主）＋動詞＋“了”“着”“過”］[53]

（15）去年年底他们厂有个女孩在厂里的扩建工地上被杀了。
昨年末、彼らの工場で若い女性が工場の増築現場で殺された。

（16）他被女朋友甩了。
彼は彼女に振られた。

これらいずれも結果性が強いため、「＋了」だけで直接受身が成立する。

結果性が明確でない他動詞の場合：
［主語＋被＋（動作主）＋動詞（了）＋結果補語／様態補語／（量的限定の）数量詞］

（17）a. ＊毕业典礼上校歌被唱了。（非文）
卒業式で校歌が歌われた。
（動詞「歌う」は動作のみを表し、結果を含意していないため、非文となる。）

b. 毕业典礼上校歌被唱错了。
卒業式で校歌が間違えて歌われた。
（「間違えて歌った」という結果を伴うため、成立する。）

（18）a. ＊鼻浊音在单词里被发音。

53　楊彩虹（2009）は、中国語の一部の他動詞では、動詞自体或いはその一部が結果を含意しているため、裸動詞（即ち動詞の後に何も付けないこと）で受身文が成立するものであると指摘している。例えば「殺（殺す）」のような動詞。

鼻濁音は語中で発音される。(非文)
(抽象的な出来事であるため、非文となる。)
b. 那个音被他发错了。
その音は彼によって間違って発音された。
(行為だけではなく、間違いという結果を伴うため成立する。)

(19) a. *那曲子被他弹了。
その曲は彼によって弾かれた。(非文)
(動詞「弾く」は結果を含意していないため、非文となる。)
b. 那曲子被他弹得引人入胜。
彼によって弾かれた曲は、人をうっとりさせた。
(人をうっとりさせるという結果を伴うため、直接受身が成立する。)

以上見たように、例(19)にも、動詞「弾く」に様態補語—「引人入胜(人をうっとりさせる)」を付ければ受身文が成立可能であることが分かる。

(20) a. *椅子被小王拉了。(非文)
椅子が王君によって引かれた。
(「引く」だけの動作で、結果が現れていないため、非文となる。)
b. 椅子被小王拉了一把。
椅子が王君に〔グイと手で〕一回引かれた。
(行為を数量化しているため、成立する。)

以上、先行研究をまとめると、中国語における他動詞受身構文は下記のようになる。

① ［主語＋被＋（動作主）＋結果性の強い他動詞＋（了・着・過)］
② ［主語＋被＋（動作主）＋結果性の低い他動詞＋結果補語／得＋様態補語＋了］
③ ［主語＋被＋（動作主）＋結果性の低い他動詞＋了＋数量詞(数量補語)］

5.3　中国語の自動詞の受身表現

従来「父に死なれた」、「友達に来られた」というような自動詞受身構文は日本語特有の受身表現であり、他の言語にはないとよく言われてきた。

既に第2章の先行研究で述べたが、山田孝雄（1908）は、日本語に自動詞受身が存在し、英独諸国語とは根本的違うものでそれらの考えを日本語に移すことはとうてい不可能であると述べている。

また、三矢（1908）も日本語では自動詞にも受身ができ、主語が間接に動作の影響を受けるという自動詞の受身表現が日本語の一特徴であるとしている。用例としては「母子に泣かる」、「我早く親に死なれて孤となる」、「客に来られる」などを挙げている。

また、松下（1928）も、自動詞の受身表現は日本語だけの表現であると強調している。大河内（1982）、劉（2013）、李（2013）なども同様である。

しかし、古くは、ホフマン（1868）が、日本語の自動詞受身表現は、ギリシャ語の中間態、ラテン語の形式所相動詞と似ていると指摘している。また、金田一（1988・1999）は、「中国語でも自動詞の受身ができる」とし、さらに、角田太作（1991）も自動詞受身表現はドイツ語、ラテン語、トルコ語などにもあると指摘している。また、インドネシア語においても自動詞の受身が存在すると言われている。

中国語では、「被字句」が、ただ中国語の唯一の受身表現ではなく、それ以外にも、いくつかの受身表現がある。既に述べたように中国語の受身の分類は、受身標識或いは標識の有無により、大きく「有標の被動句」と「無標の被動句」の二つに分けられる。「有標の被動句」には、介詞「被・叫・让・给・教・为……所・被……所・让……给」などの「介詞型被動句」と、動詞として扱われる「受・挨・遭受・受到・受了……所」などの「動詞型被動句」があり、「無標の被動句」には、「絶対無標識被動句」と「相対無標識被動句」の二つがある。しかし、それらは全て他動詞に関する分析であり、自動詞の受身については論じられていない。

なお、近年多くの中国語研究者が「王冕死了父亲（王冕は父に死なれた)」のような中国語自動詞受身構文の存在を指摘し、それについて研究を行い始めている。先行研究によれば、このような自動詞受身文は「領主句」(馬志剛 2012：184）と称され、宋代（960 年から）には既に確立され（石毓智 2007：41)、現代では使用頻度は、高くないかもしれないが、「今天我来了朋友，什么都没做成（今日、わたしは友達に来られて何もできなかった)」のような自動詞受身文は実際に使われている。しかし、今までの中国語の自動詞受身表現についての論議はまだ不十分であり、研究する余地が多いにあると思われる。

5.3.1 中国語自動詞の受身表現の研究①「有標の自動詞被動文」

大河内（1983)、中島（1993・2007）は、被害・迷惑の意味を表す自動詞の受身が中国語にあるかどうかについて論議している。大河内（1983）は、中国語においては自動詞の受身が成立する場合は殆どないが、例外として二つあると述べている。一つは、「看见（見える）・听见（聞こえる）」のような一部の知覚動詞に成立し、もう一つは囲碁などの解説において、「被」（受身の標識）を使うものが多いしている。（中島悦子 2007：93）

（21）这一切是被道旁的树木看见了的。
　　このすべては道傍の木に見られてしまった。
（中島 2007：93）

（22）被白棋活了，黑地是六目。
　　白石に生きられると黒石は六目だ。　（中島 2007：93）

また、中島（2007）は、「間接受身文が全て中国語では成立しないのかというと必ずしもそうではない」と述べ、「被」（受身の標識）の後に結果を表す助詞「得」[54]（になる）の後に様態補語[55]（豊嶋 1991は「状態補語」としているが、本論文では中島の「様態補語」にする）を付加すれば、中国語においても自動詞の受身文が成立可能であるとし、(23)(24)(25)のような例を挙げている。

なお、(23)(24)(25)では、主語（非動作主）は太線の下線「＿」、動作主は二重下線「＿」、中国語受身標識「被」など及び動詞は下線「＿」、助詞「得」＋様態補語（本論文では結果を表す「"得"様態補語」と名付ける）は二重の波線「～～」で示した。

（23）a. ＊夜里我 被（受身標識）婴儿哭了。（非文）

54　注49を参照する。
55　注49を参照する。

（“得” 様態補語のような結果表現はないため、非文となる。）

夜中に私は赤ん坊に泣かれた。

b. 夜里 我 被（受身標識）婴儿哭 得 睡不着觉。（“得” 様態補語）

夜中に私は赤ん坊に泣かれて、眠れなかった。

（＋結果＝受身成立の必須要件）

この（23）のａは、様態補語がないため非文になるが、ｂの用例のように「哭（泣く）の後ろに結果を表す助詞「得」と「睡不着觉（眠れなかった）」という結果を付け加えると、自動詞の受身文が成立する。

（24）a. ＊我 被（受身標識）孩子吵了。（非文）

（“得” 様態補語のような結果表現はないため、非文となる。）

私は子供に騒がれた。

b. 我 被（受身標識）孩子吵 得头也痛了。

（“得” 様態補語）

私は子供に騒がれて、頭が痛くなった。

（＋結果＝受身成立の必須要件）

この（24）のａも非文であるが、ｂのように「吵（騒ぐ）」の後ろに助詞「得」と「头也痛了（頭が痛くなった）」という結果を加えることによって自動詞の受身文が成立する。また、中島は、（25）ｂに「被客人一来」の量的限定「一来」（来られる）と「什么都没做成」（何もできなかった）という数量補語による結果表現を付ければ自動詞受身文になると指摘している。

(25) a. ＊我被客人来了。(非文)
(結果補語や量的限定の表現はないため、非文となる。)
私は客に来られた。
b. 我被客人一来，弄得没学好习。
私はお客に来られて、勉強できなかった。(中島 2007)
(＋結果＝受身成立の必須要件)

以上のように中島は自動詞受身文について述べているが、一般的な日本人から、「夜里我被（受身標識）婴儿哭得睡不着觉（私は夜中に赤ん坊に泣かれて眠れなかった)」という文は、「私は夜中に赤ん坊が泣いたので、眠れなかった」というような受身ではなく、原因を表す文ではないかという質問がよく聞かされる。しかし、「私は夜中に赤ん坊に泣かれて眠れなかった」という文は、原因を表すのであれば、被（受身標識）もなく、「私は」という主語も原因の文にはないはずである。もしこれが原因を表すものであれば、中国語では以下のようになる。

(23) c.「夜中に 赤ん坊が泣いた から、私は眠れなかった」
⇒「夜里 我 因为婴儿哭了，所以　我睡不着觉」

「私は夜中に赤ん坊に泣かれて眠れなかった（夜里我被婴儿哭得睡不着觉)」という文を分析して見ると以下のようになる。

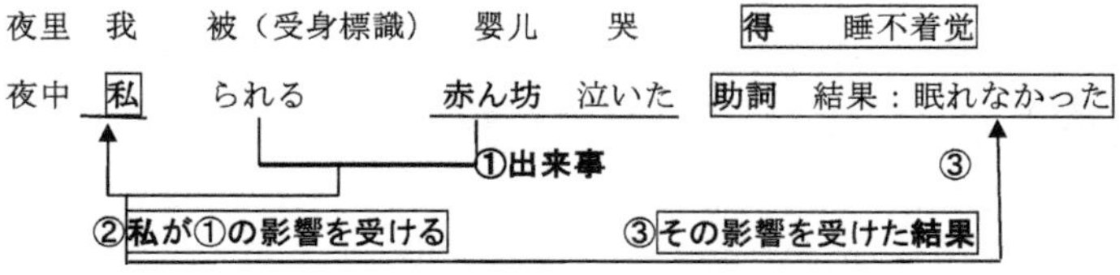

まず、「赤ん坊が泣いた」という出来事を①とする。次に、そばにいる「私」が「その影響を受ける」ということを②とする。日本語の場合には、第3章の「図3-1の寺村の受身文成立図」を参考すれば、この①と②の二つがあれば自動詞受身表現が成立可能になる。一方、中国語の場合には、それだけではまだ自動詞の受身表現にならず、必ず最後に、②の「主語（私）が①の影響を受ける」結果表現、即ちここの③（様態補語「～得睡不着觉（眠れなかった）」）が付くことである。従って、構造上から見ると、「②①③」の中国語自動詞受身文は、「②①」の日本語自動詞受身文に③の「結果表現（得＋結果）」が付加されることが分かる。言い換えれば、中国語に自動詞の受身文では、②と③の役割は、日本語自動詞の受身文の②の役割と同様だと考えられる。

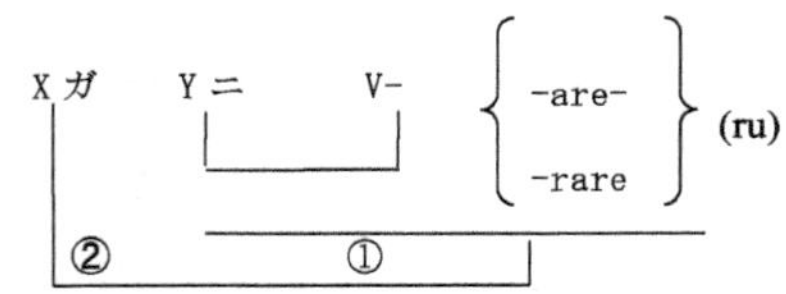

Y：V－の動作・変化・出来事の主体

X：「YガV-スル」ことによって影響を受ける（‘affected’）主体

図3-1　寺村の受身成立条件図

（注：①②は筆者が入れたもの）（寺村1982：214）

「主语非动作主)」＋「被施动者＋动作」＋「结果补语／数量词＋结果结果保留的状态」

「主語（非動作主)」＋「被（れる／られる）動作主＋動作」＋「結果補語／数量詞＋結果／結果が残った状態」となり、図式化すると次の図5-4になる。

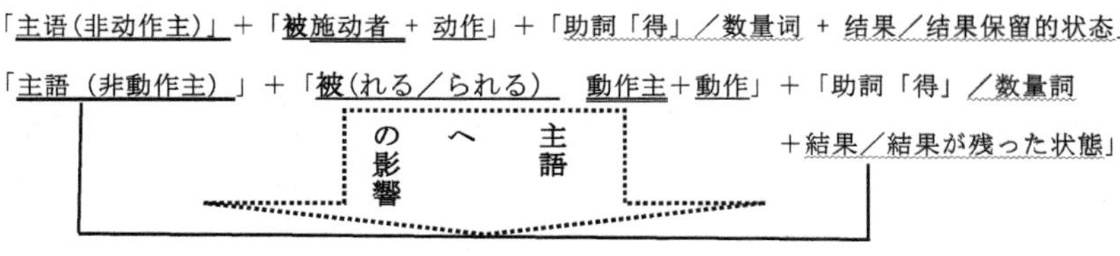

図 5-4　中国語の有標の自動詞「被動句」

上に見た中島の観点を文型化すると以下のようになる。

①［主語］+［**被**］+［動作主／仕手］+［**自動詞**］+［**結果補語（得）**］+［その動作の影響の**結果**］

②［主語］+［**被**］+［動作主／仕手］+［**自動詞**］+［**量的限定（数量詞）**］+［その動作の影響の**結果**］

また、中島は、例（25）（26）（中島 2007）の自動詞「死（死ぬ)」「逃／跑（逃げる)」のような自動詞は、例（23）の「結果補語」、(24）のｂのような「数量詞」を加えても、受身文は成立しないと述べている。

（25）a. 私は父に死なれた。
　　　　＊我被父亲死了。
　　　b. 私は父に死なれて、学校にも行けなかった。
　　　　＊我被父亲死了／一死，连学也不能上了。
（26）a. 警察は犯人に逃げられた。
　　　　＊警察被犯人逃跑了。
　　　b. 警察は犯人に逃げられて、困っている。

＊警察被犯人逃跑了，不知该怎么办。

つまり、(23) b の「結果補語」の付加や (24) b の「数量詞」の付加による自動詞受身文の成立は、中国語の全ての自動詞で可能なわけではなく、「死（死ぬ)」「逃跑／跑（逃げる)」などの自動詞には成立しないと指摘している。

また、中島 (2007) で取り上げられた自動詞（受身文が成立する自動詞)、即ち「哭（泣く)」「来（来る)」などは、全て単独、或いは一文字の自動詞であることが分かる。ただ、ここで述べた「死」と「跑」では、自動詞受身文は成立しない。

さらに、例 (23) b と (24) b の「被」(受身標識）を「叫・让・给」(受身標識）などと入れ替えてみると、以下のようになる。

(23) b. 夜里我 被／叫／让／给 婴儿 哭得睡不着觉。
夜中に 私は 赤ん坊に 泣かれて 眠れなかった。

(24) b. 我 被／叫／让／给 客人 一来，弄得没学好习。
私は お客に 来られて 勉強できなかった。

これらを見ると、介詞「被」(受身標識）以外に「叫・让・给」(受身標識）などの介詞も自動詞受身文が成立可能だということが分かる。ただし、「被」の場合には正式な場面や書き言葉に使うのに対し、「叫・让・给」などの介詞の場合には、日常会話即ち話し言葉であるという違いがある（呂 1980・1992)。これらの介詞（「被・叫・让・给」）は中国語の受身標識があるため、自動詞受身文を「介詞型自動詞受身文」と名付けることにする。

5.3.2　中国語自動詞の受身表現の研究②「無標の被動句」—「領主句」

前の節で、中島（2007）は、「死（死ぬ）」「逃／跑（逃げる）」のような自動詞受身文は成立しないと述べたが、実は、郭継懋（1990）が「王冕死了父亲（王冕は父に死なれた）」などの自動詞受身構文の存在を指摘し、郭継懋（1990）、徐傑（1999）、沈家煊（2006）、石毓智（2007）、潘海華・韓景泉（2008）、俞理明・呂建軍（2011）などにより研究が進められてきた。2012年には、馬志剛（2012）がこれらの自動詞受身文を「領主句」と名付けて、現在に至っている。

実際、この「領主句」について、既に半世紀前から研究者達が注目し始め、李钻娘（Alice Cartier）は1987年に『出现式与消失式动词的存在句』（出現式と消失式動詞の存在句）（郝敏 2010：2）で、初めて詳しく論じていた。李は当時それを「存在句」と称し、「王冕死了父亲（王冕が父に死なれた）」のような「存在句」が意味的には「被動態」であると指摘している。しかし、郭継懋（1990）は、「王冕死了父亲（王冕が父に死なれた）」のような文は李（1987）が述べた「存在句」ではなく、「領主属賓句」と名付け、その後、李傑（2011）など多くの研究者も「領主句」が「存在句」と違うと述べている。

この「領主句」という用語に関しては、様々な意見があるが、「王冕死了父亲（王冕が父に死なれた）」のような自動詞受身文が存在するという見解では一致している。従って、今までの中国語研究では自動詞受身文は存在しないという説や中島（2007）などの見解は十分ではないと言えよう。

(27)　王冕 死了 父亲。

王冕は 父に 死なれた。（筆者訳）

(28) 他 跑了 老婆，变得一点精神都没有了。
彼は 奥さんに 逃げられて、すっかり元気をなくしてしまった。（筆者訳）

（日本語文型辞典 2008：633）

また、石毓智（2007）によると、「王冕死了父亲（王冕が父に死なれた）」のような「主語（王冕）＋自動詞（死）＋［了（アスペクト詞）］＋動作主（父亲）」という受身構文は宋代（960～1279）に既に確立され、元代（1271～1368）になると、多数の文献（白話小説[56]（口語体））に見られ、清代（1636～1912）では、一般的に使われるようになったと述べている。例としては、次のような例文がある。

(29) 万秀娘死了夫婿。　（南宋）『万秀娘仇报山亭儿』(1624)
萬秀娘は夫に死なれた。（筆者訳）

(30) 怎生死了我那孩儿。（元）『关汉卿戏曲集』（不詳～1307)
どうして（私は）子供に死なれたのか。（筆者訳）

(31) 人姓王名冕，在诸暨县乡村居住；七岁时死了父亲。（清）『儒林外史』(1749) 苗字は王、名前は冕で、諸曁県に住んでいる。七歳の時、父親に死なれた。（筆者訳）

馬（2012）は、例（29）（30）（31）などのような受身構文を「領主句」と名付けている。これは、郭継懋（1990）が、例文（29）のような構文は、「主語—万秀娘（萬秀娘）」と「目的語—夫婿（夫））」の関係が広い範囲での所属関係（親族関係など）で

56　白話小説は中国において、伝統的な文語文（漢文）で記述された文言小説に対して、より話し言葉に近い口語体で書かれた文学作品のことである。白話は中国語で口語のこと。（ウィキペディア　フリー百科事典）。

あるため、「領主屬賓句」と称した。これに対し、馬（2012）で、「典型的领属关系是人对事物的领有，包括他所拥有的财产，他的身体部位，因为这些才能给他带来有益的東西（典型的な領主関係とは人が事物に対する領有関係であり、その中に人の財産や身体部位などが含まれている。それは、これらのものが人に利益がもたらせるからである。）」と述べ、「广义的领属关系（広い意味の領主関係）」は、「亲属关系（親族関係）」または、「与亲属关系类似的社会关系如“朋友、同学”等等都是如此（親族関係と似ている友達、クラスメート等の社会関係も含んでいる）」と述べている。つまり、領主関係とは第一に①財産身体部位、第二に②親族関係、第三に③社会的関係である。これらをまとめ、郭継懋（1990）の「領主属宾句」という名称を簡略化して「領主句」と名付けた。これは松下の「所有者受動」、鈴木重幸の「持ち主受身」に通じるものである。

また、現代では使用頻度は高くないかもしれないが、例（32）から（35）までのような例も存在することが明らかだ。

（32）今天来了朋友，（什么都没做成）。　（馬 2012）
今日友達に来られて（何もできなかった）。（筆者訳）

（33）中途却下了雨了。（馬 2012）
途中で雨に降られました。（筆者訳）

（34）他跑了老婆，变得一点精神都没有了。（筆者訳）
彼は奥さんに逃げられて、すっかり元気をなくしてしまった　（日本語文型辞典 2008：633）

（32）「今天来了朋友，（什么都没做成）」は、従来、「存現句」と言われ、「今天朋友来了」のような「主謂句」が「今日友達は来た」のような既知の情報を表すのに対して「今日友達が来た」

のように未知の情報を表すと言われてきた。この「今天来了朋友」に対し、馬（2012）は「領主句」と名付けている。この文は表層構造から見ると「存现文」と同じであるが、深層構造では、「経験者」である「我（私）」があり、ちょうど日本語の「今日私は友達に来られた」と同等の意味を表している。また、(33)「中途却下了雨了」も日本語で言うと「途中で雨が降った」というような意味に見えるが、もし、中国語でこのような意味を表せば「中途却下雨了」となる。これに対し、「中途却下了雨了」は、深層構造に「経験者（我）」が含まれており、日本語でいうと「(私は）途中で雨に降られた」となる。(34)「他跑了老婆，变得一点精神都没有了」の「他跑了老婆（彼は　逃げた　奥さん)」は「他（彼)」と「老婆（奥さん)」、「跑了（逃げた)」となり、「他（彼)」という経験者と「老婆（奥さん)」という「動作主」が表層構造に示されており、「彼（他）は　奥さん（老婆）に　逃げられた（跑了)」という意味関係が読み取れる。このような「経験者」＋「自動詞＋了」＋「動作主」のような文を馬（2012）は「領主句」と名付けた。

次に馬（2012）の三種の領主関係と受身表現について考察してみよう。

1)「人間関係」の領主句とその受身表現

まず、馬（2012）の三種の領主句の中から「社会関係」「親族関係」について分析することにする。以下の「客人（客)」(社会関係）の例から見てみよう。

(36) a. （我的）客人来了。

（私の）客が来た。

「(我的）客人来了」という例文は客観的に「客が来

た」という事実を述べている。

b. 我来了客人。

(36) bの「我来了客人」という例文は、主語に「我（私）」が来ており、(36) aの動作主「客人（客）」は文末に来ることが分かる。この例が示していることは、客が来た（来了客人）ことにより、私（我）が何らかの影響を受けたということであり、この影響は常に不利益を被ることを意味している。

この「我来了客人」の内容を分析すると以下の例 (37) (38) のようになる。

(37) 因为突然客人 来了，所以我 没能学成习。
急に客が 来たので、私は勉強できなかった。

(38) 因为突然客人 来了，所以我 没能出了门。
急に客が 来たので、私は 外出できなかった。

これらの (37) (38) のような内容はともに (36) のb「我来了客人（私は客に来られた）」という文で表すことができる。即ち、「我来了客人」の示す意味は、日本語の「客に来られた」と全く同じであることが分かる。

また、構造上から分析すると次のようになる。

(36) b. 我 来了（受身標識）客人。　私は 来（られ）た 客に。

(36) a. 客人 来了（アスペクト詞）。　客が 来た。

ここに見られるように (36) bの自動詞受身文には、「我（私）」と「来了（来られた）」と「客人（客）」という三つの要素があるのに対し、対応する能動文（36）aには、「客人（客）」と「来了（来た）」という二つの要素しかないことが分かる。逆に言えば、（36）bには、元の能動文（36）aの動詞である「来了（来た）」の表す動きの成立する必須構成要素として含まれようのない「我（私）」といった主語が出現している。（36）の用例は中国語であるが、第3章で述べた日本語の間接受身の定義を借りて言えば、（36）bは元の能動文の述語動詞「来了（来られた）」に対して動作主「客人（客）」ではない主語「我（私）」が増えているため、「間接受身」となる。

従って、（36）bの中国語領主句は、日本語の自動詞受身文と同様な構造を持ち、意味的にも動作主の動作が主語に不利益な影響を与えるので、被害・迷惑の受身となる。

例（36）bを図式化すると以下の図5-5のようになる。

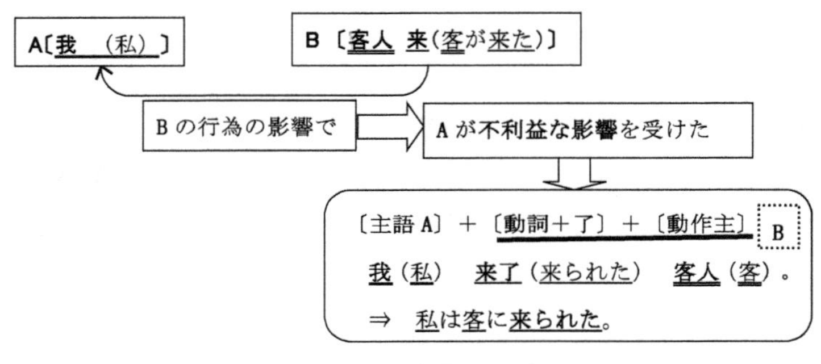

図5-5　領主句の分析

次に、親族関係の例を見てみよう。

（39）a.　王冕的父亲死了。

王冕の父が死んだ。

（事実だけについて述べて、話し手の感情について論じていない。）

「王冕的父亲死了」には主語が一つしかない。即ち、「王冕的父亲」である。

b. 王冕 死了 父亲。
王冕は 父に 死なれた。

（39）ｂの「王冕　死了　父亲」の主語は「王冕」であり、動作主は「父亲（父親）」である。「王冕　死了　父亲」は、（39）ａの「王冕的父亲死了（王冕の父親が死んだ）」という出来事により、主語「王冕」が何らかの不利益の影響を被ったという意味になる。

このことを示すと以下のようになる。

出来事：Ｂ〔王冕の父〕が死んだ。
⇒Ａ〔王冕〕は生活が大変苦しくなった。　影響

動作主「父」に起こったことにより、主語の「王冕」に好ましくない結果、迷惑が生じた。

⇒ 王冕死了父亲（生活变得非常辛苦）。
王冕は父に死なれて（生活が大変苦しくなってしまった）。
⇒ 王冕　死了　父亲。
王冕は 父に 死なれた。

つまり、この「王冕 死了 父亲」の意味は「王冕は父親が死んだことによって迷惑或いは被害を受けた」ということになるだろう。

また、構文上から見れば以下のようになる。

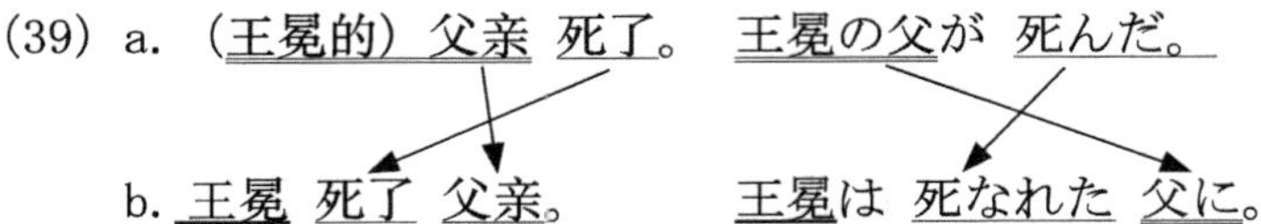

構造上から見ると、「王冕」という主語が「死了父亲（父に死なれた）」ということから直接的な作用を受けているわけではないので、例文（36）と同様に、間接受身であると考えられる。また、意味的にも「間接受身」特有の被害・迷惑の受身という要素を持っているため、日本語の間接受身文と同等のものであることが分かる。

また、次のような例が挙げられる。

(40) a. 他（的）老婆[57] 跑了。
彼の妻が逃げた。
（単に事実を述べている。）

b. 他 跑了 老婆。
〔他〕〔老婆跑了〕⇒〔他〕〔受到伤害变得一点精神都没有了〕
〔彼〕〔妻が逃げた〕⇒〔彼〕〔すっかり元気をなくしてしまった〕
〔主語が（40）a の出来事により、被害を受けた。〕

⇒ 他 跑了 老婆。
彼は妻に逃げられた。

57 中国語の「老婆」というのは、結婚したばかりの例えば 18 歳の妻でも「老婆」と呼ぶ。また夫の同様に結婚したばかりの 18 歳であっても、「老公」と呼ぶ。

(40) aの「他（的）老婆 跑了（彼の妻が逃げた）」は、単なる事実を述べているにすぎない。これに対して（40）bの「他 跑了 老婆」は日本語で翻訳すれば、「彼（他）は妻（老婆）に逃げられた」となる。これは「妻が逃げた」ことにより、「彼」は「すっかり元気がなくしてしまった」という意味内容を表している。

これを構造の面から見ると以下のようになる。

(40) bも（40）aとは異なり、動作主「彼の妻（他的老婆）」が「逃げた（跑了）」という出来事の他に、この出来事から影響を受ける主語「他（彼）」がいることが分かる。つまり、(40) bは日本語と同じ「間接受身」の構造を持っているということが分かる。

それでは、中国語では、自動詞が（36）（39）のbのような文型であれば、必ず領主句（自動詞受身文）になると言えるだろうか。

徐傑の『普遍语法原则与汉语语法现象』(2001：64) では、次のような例文（39）c、d、eを挙げ、非文としている。

(39) c. ＊李四　死了　个恶邻居。　（徐傑 2001）
　　李四　死なれた　悪い隣人に。
　＊李四は 悪い隣人に 死なれた。
d. ＊李四 倒了 一个死对头。　（徐傑 2001）

李四　失脚された　ある敵に。
＊李四は ある敵に 失脚された。
e. ＊李四　　碎了　　一个胆结石。　　　　（徐傑 2001）
李四　　砕けられた　胆石に。
＊李四は　胆石に　砕けられた。

徐傑（2001：65）は、領主句について「領主句の成立条件の一つとし、その自動詞からの出来事が必ず動作主の所有者、つまり文の本当の主語に相当なマイナスの影響を与えなければならないということである（它有一个语用上的使用条件，那就是整个事件必须给逻辑宾语的领有定语带来某种负面的、较大程度的影响）」と述べている。(39) c の「死了（死んだ）」人は李四にとって「悪邻居（悪い隣人）」であるため、「悪い隣人が死んだ」という出来事となる。このことは「李四」にとってマイナスの影響ではなく、良いことであるだろう。従って、「李四的恶邻居死了（李四の悪い隣人が死んだ）」とは言えるが、「＊李四死了个恶邻居（＊李四は悪い隣人に死なれた）」とは言えず、非文になる。(39) d、e も同様である。文の述べている出来事はそれぞれ「一个死对头倒了（ある敵が失脚した / 死んだ）」、「一个胆结石碎了（胆石が砕けた）」であるので、その領主（所有者）である「李四」にとってともに良いことである。つまり、「李四」にはマイナスの影響がないため、非文になる。

馬（2012）も、これと同様な観点から述べている。馬は、領主句はその語義構造と意味内容から動詞で表す意味が必ず主語に「不幸や損害」などの影響を与えると指摘している。

以上に見たように、(36)（39）（40）の a は一般の自動詞能動文であるのに対し、(36)（39）（40）の b は、一般の自動詞文ではなく、その動作主の動作により、もう一人の動作主ではないが、動作主と関連がある人が出現していることが分かる。また、(36)（39）（40）のbは、その出現してきた人がその出来事により、間接的に何らかの不利益の影響を被ることを表す文であることも明らかである。従って、このような領主句という構文は、意味上からも構文上からも、日本語の自動詞受身文と似ていることが分かる。また、これは前の節で述べた本来の中国語の受身構文は被害・迷惑の受身であった。ここで見たように、領主句にも被害・迷惑の意味がある。つまり、領主句は本来の中国語の受身構文の被害・迷惑性と一致していることが分かる。

ただし、中国語の領主句の場合は、受身の標識、即ち「被・叫・让・给」などの受身標識がないため、文の構造関係から受身が成立している。この領主句は、張（2008）が指摘しているように「無標の「被動句」」或いは「意味上の受身文」に属することは明らかである。

これを文型化にすると以下のようになる。

〔(領主の主）主語〕「自動詞＋（アスペクト詞）了〕「(領主の所属もの）動作主〕

〔王冕〕	〔死＋了〕	〔父亲〕
〔我〕	〔来＋了〕	〔客人〕

また、例文（36）～（40）の主語と動作主の関係は、全て親族または「私」と「友達」のような社会的人間関係であることが分かる。便宜上に本論文ではこのような関係を全て「人間関係」とする。

次に身体部位と財産所属の領主句について述べることにする。

2)「身体部位」「財産所属」の領主句とその受身表現

徐傑（2001）は、「身体部位」「財産所属」の領主句の例とし、次の例（41）～（43）を挙げている。

（41）李四 倒了 两排厂房。
　　　李四は 工場にある二列の建物に 倒れられた。
（42）他 死了 一盆花。
　　　彼は 一鉢の花に 枯れられた。
（43）张三 掉了 两颗门牙。
　　　張三は 二本の前歯に 抜けられた。

これらの例を見ると、上に挙げた領主句が人間関係に関するものであるのに対し、これらの例は人間と物事との関係であることが分かる。これらの人間と物事との関係にある領主句について徐は、上の例を挙げ、その出来事の自動詞文の主語、即ち動作主を「两排（二列）」、「一盆（一鉢）」、「两颗（二本）」と数量化する構文を「典型的な領主句」としている。具体的に言えば、(41)の「两排厂房（二列の建築建物）」と（42）の「一盆花（一鉢の花）」と（43）の「两颗门牙（二本の前歯）」などである。(41)の「两排厂房（二列の建築建物）」は「李四（李四）」の所有物であることが分かる。また、(42）の「一盆花（一鉢の（鉢植えの花）」も「他（彼）」の所有物であることが分かる。つまり、この領主句の主語と動作主との間には「財産の所有」という関係があり、これに対して（43）の「张三（張三（人の名前））」と「两颗门牙（二本の前歯）」との間は「身体部位」の関係があることが分かる。前節の分析に基づき、これらの例文を、「主語」と「動作主」、「出来事」との関係、またその「出来事」から「主語」がどのような影響を受けたかについて分析することにする。

(41) 李四 倒了 两排厂房。　　　　　　　　(徐傑 2001)

能動文：〔两排厂房倒了〕工場にある二列の建物が倒れたという出来事。

影　響：「厂房（工場の建物)」の所有者である「李四」にとって損である。

⇒　李四が工場にある二列の建物に倒れられた。

次に構造上から分析する。

能動文：两排厂房 倒了。　　　二列の建物　倒れた。

領主句：李四 倒了 两排厂房。李四 倒れ（られ）た 二列の建物。

(42) 他 死了 一盆花。　　　　　　　　(石毓智 2007)

能動文：〔一盆花死了〕（大切にしていた）花が枯れたという出来事。

（ここの花は彼が大切にしていた花と理解できる。そうではなかったら、このような領主句を使えないから。）

影　響：〔花〕の所有者、その花を大切にしていた「他(彼)」にとって、大切にしていた花が枯れてしまって、彼が損をする／悲しくなる。

→ 被害・迷惑の影響。

⇒ 彼は（一鉢の）花に枯れられた。

(43) 张三 掉了 两颗门牙。　　　　　　　　(徐傑 2001)

能動文：〔张三的两颗门牙掉了〕張三の二本の前歯が抜けたという出来事。

影　響：〔两颗门牙掉了（前歯が抜けた)〕という出来事

により、張三は歯が痛くて食事ができなくなったり、恥ずかしくて人と話すことが出来なくなったりすること。
→ 被害・迷惑の影響。
⇒ 張三は二本の前歯に抜けられた。

ここに見られるように、(41) の能動文の元の動詞「倒了（倒れた)」の表す事態・動きの成立に参加する必須構成要素は、動詞「倒（倒れる)」とその動作主「两排厂房（二列の建物)」の二つがあるのに対し、領主句にはこの二つの必須構成要素だけではなく、「李四」という要素が主語として出現してきていることが分かる。しかも、「李四」は領主句の主語とし、「倒了两排厂房（二列の建物に倒れられた)」という事態からの間接受身となっていることが分かる。例 (42) (43) も (41) と同様である。また、(42) と (43) も (41) と同様に意味的には被害・迷惑の受身である。従って、ともに間接受身であることが分かる。

以上から、ここの領主句は、意味的でもと構造的でも日本語の間接受身或いは被害・迷惑の受身と似ていることが分かる。しかし、第2章で述べたように、石川（1991）は、日本語の自動詞受身文は非日常会話の場面を除き、本来の自動詞受身文は「有情物」と「有情物」との間の受身であると指摘している。従って、これらの領主句（自動詞の受身）は、日本語の間接受身（被害・迷惑の受身）の主語が「有情物」であり、また動作主も「有情物」でなければならないということに対し、主語は「有情物」であるが、動作主は「無情物」でも成立するという点が異なっていることが分かる。

例えば、例 (42)「他死了一盆花」という文は、中国語では、領主句、即ち間接受身文であると考えられるが、日本語では「*

彼が花に枯れられた」という自動詞受身文にならず、「彼は花が枯れてしまった」と自動詞文になることが分かる。

しかし、文型だけが領主句になっても、必ずしも領主句、即ち中国語の自動詞受身文になるとは言えない。例えば､次の例（44）は、例（43）と同じ構造であるが、主語が「無情物」であるため、領主句とはならず、現象文となる。

(44) 这件褂子 掉了 两个扣子。　　　　　（勝川裕子 2003）
能動文：〔(这件褂子的) 两个扣子掉了〕上着の二つのボタンがとれたという出来事。
影　響：〔扣子（ボタン)〕の所有者〔这件褂子（この上着)〕にとってどのような影響もない。所有者が無情物であるため。
⇒ この上着のボタンが二つとれている。
(事実だけについて述べている。)
＊この上着は二つのボタンにとれられている。
(領主句ではない。)

(44) には、「这件褂子掉了两个扣子（この上着は二つのボタンがとれている)」は「这件褂子的两个扣子掉了（この上着のボタンは二つとれている)」と全く同じ意味を表している。従って、この文はただ「この上着のボタンがとれている」という事象について描写しているだけで、特に表層に見られる主語の「这件褂子(この上着)」(無情物）に対してマイナスの影響はないことは明らかである。これらのことから、この文が領主句にならないことが分かる。例文（43）と（44）は、文の構造から見ると全く同じ構造であるが、なぜ（43）が領主句になり、(44) が普通の自動詞文になるのだろうか。それは、(43) の主語である「張三」が人間、即ち「有情物」であり、(44) の主語である「この上着」が「無情物」であるためである。無情物にとって、被害・迷惑などは存在しない。従って、(44) は領主句とはならない。

例 (45) と (46) も構造的には領主句と同じであるが、主語が「無情物」であるため、領主句、即ち自動詞の受身文にならない。

(45) 我们村 死了个老太太。(藤川裕子 2003)
私達の村で ある老婦人が死んだ。
＊私達の村 (無情物) は、ある老婦人に死なれた。

(46) 那家工厂 塌了 一堵墙。(藤川裕子 2003)
その工場は 一面の壁が倒れた。
＊その工場 (無情物) は 一面の壁に 倒れられた。

従って、領主句に、動作主は「有情物」であっても、「無情物」であっても可能であるが、主語は、必ず人、即ち「有情物」でなければならないことが分かる。しかし、この規則は前節の「介詞型自動詞受身文」には適応していない。例 (47) はその例の一つである。

(47) 它们像绷紧的猴皮筋 被扯断了似的又返回他身边。(中島悦子 2012)
恰度張切ったゴム糸が 切れて戻るやうに…

例 (47) は、主語である「猴皮筋 (ゴム糸)」は物事即ち無情物であるが中国語では受身文になれる。しかし、「猴皮筋 (ゴム糸)」は無情物であるため、日本語では受身文にならず、自動詞文となることが分かる。

以上のことをまとめると、次のようになる。

① 領主句の文型は以下のようになるが、このような構造の文は、必ずしも領主句となるとは言えない。
〔主語＋自動詞＋アスペクト詞「了」＋動作主〕
② 領主句の主語は必ず「有情物」でなければならないが、動作主は日本語の間接受身とは異なり、「無情物」でも成立する。

また、馬（2012）は、領主句の文型は「主语＋单一动词＋非定指客事」、即ち「主語＋単独（一漢字）＋動作主」とし、自動詞の後に完了や結果を表すアスペクト詞の「了」が付かなければならないと強調している。ここで取り上げた領主句の用例の自動詞を考察すると、「死了（死んだ）/ 跑了（逃げた）/ 来了（来た）/ 下了（降った）/ 倒了（倒れた）/ 死了（枯れた）/ 掉了（抜けた）」などの中国語自動詞は、確かに「単独或いは一文字」の自動詞であり、その自動詞の後ろに必ずアスペクト詞「了」が付いていることが分かる。つまり、これらは領主句の成立条件であると言えよう。従って、中国語の自動詞受身文のもう一つの文型、即ち領主句の文型は「主語＋単独（一漢字）の自動詞＋了＋動作主」となります。つまり、中国語の「標識ない自動詞の『被動句』」の文型は「主語＋単独（一漢字）の自動詞＋了＋動作主＋（好ましくない結果表現）」となる。

しかし、前で挙げた例を領主句の文型、即ち「＊我哭了婴儿（赤ちゃんに泣かれた）」にしても、「領主句」にはならず、非文になってしまう。つまり、中国語では、全ての単独の自動詞に「領主句」が成立するとは言えないということが分かる。

また、前の節で分析した受身標識のある「介詞型自動詞受身文」にも、自動詞が単独の自動詞に限られていること分かる。

従って、中国語では自動詞受身文が成立する一つの条件としては、自動詞が必ず「単独或いは一文字」の自動詞でなければならない。

例えば、次の例（48）と（49）のような「合格（合格する）」、「自殺（自殺する）」などのような二音節（二文字）の漢語には、有情物と有情物の関係であっても、文型を自動詞受身の二つの文型にされても、受身文にならないことが明らかである。

（48）彼は他の人に先に合格された…

＊他被／让／叫别人考上了，自己却……

（49）そのサイン会で買った本「愛の果て」は恋人に自殺された女性を描いたものだ。

＊在那次签名会上买的那本《爱的尽头》的书是描写被／让／叫恋人自杀了的女性的书。

5.3.3 中国語自動詞の受身表現のまとめ

以上、中国語の自動詞の受身について述べてきたが、まとめると以下のようになる。

①中国語には、有標の自動詞受身文と無標の自動詞受身文がある。

②有標の自動詞受身文は［主語＋被／叫／让／教／给＋動作主＋単独の自動詞＋結果表現］となり、無標の自動詞受身文、即ち領主句は［主語＋単独の自動詞＋了（アスペクト詞）＋動作主］となる。

③無標の自動詞受身文。領主句の場合、主語は必ず「有情物」であり、動作主は「有情物」でも、「無情物」でも成立する。

④中国語の自動詞の受身は、必ず被害・迷惑の受身となる。

5.4　中国語感情動詞の受身表現

5.4.1　先行研究における感情動詞の定義或いは範疇

中国では、中国語の感情動詞についての先行研究は少なくない。最も古いものは、馬建忠の『马氏文通』巻5（1898）であろう。馬（1898）は「凡动字记内情所发之行者，如恐、惧、敢、怒、愿、欲之类，则后有散动以承之者，常也（全ての心理活動を表す動詞、例えば、恐れる、怖がる、怒る、欲しがるなどの感情を表す動詞は感情動詞であり、常に名詞が後続するものである）」と述べている。馬（1898）は初めて感情動詞の定義と範疇について分析を行ったが、心理活動を表す動詞を感情動詞とし、感情動詞は常に名詞が後続するもの、即ち他動詞であるとしていることが分かる。

その後、多くの研究者が感情動詞について様々な論議を行っている。陳承澤（1922）は、喜怒哀楽や、笑うこと、泣くことなどの心理感覚や欲望を表す動詞を心理動詞（本論文では感情動詞、以下も同じ）としている。

呂叔湘『中国語文法要略』（1942）は、初めて心理動詞を動詞の中の一つとし、「想（思う）、忆（懐かしむ）、爱（愛する）、恨（恨む）、悔（悔やむ）、感激（感激する）、害怕（怖がる）」などの動詞を感情動詞としている。

黎錦熙（1954）は、「表情意的动词及表经验的动词（「情意を表す動詞と経験を表す動詞」）」が感情動詞としている。

また、胡裕樹・範暁（1995）は、「心理动词表示的是情感、意向、认识、感觉、思维等方面的心理活动或心理状态的意义（心理動詞は感情、意向、認識、感覚、思惟などの心理活動或いは心理状態を表す動詞である）」と定義している。

上記の先行研究をまとめると次の表5-1のようになる。

表 5-1　心理動詞の定義或いは範囲

	心理動詞の定義或いは範囲
馬建忠（1898）	心理活動を表す動詞—他動詞
陳承澤（1922）	喜怒哀楽などの心理感覚や欲望を表す動詞
呂叔湘（1942）	思う、懐かしむ、愛する、恨む、悔やむ、感激する、怖がるなどの動詞
黎錦熙（1954）	情意を表す動詞と経験を表す動詞
胡裕樹・範暁（1995）	感情、意向、認識、感覚、思惟などの心理活動或いは心理状態を表す動詞

以上の先行研究を分析すると、胡裕樹・範暁（1995）の定義は最も詳細だと考えられる。本研究では胡裕樹・範暁（1995）の定義に従うことにする。

5.4.2　中国語感情動詞の分類

感情動詞の分類については、一定のものはなく、研究者によって異なっている。

範暁（1987）は感情、意向、認知、感覚などの「心理活動を表す動詞」と「心理状態動詞」の二つに分けている。楊華（1994）は「感情状態動詞」と「感情行為動詞」の二つに分類している。

張京魚（2001）は「感情状態動詞」、例えば、「尊敬（尊敬する）、爱（愛する）、害怕（怖がる）、关心（関心する）」等と、「感情使役動詞」、例えば、「苦恼（悩む）、感动（感動する）、喜（喜ぶ）、恨（恨む）」等のように二つに分類している。また、「感情状態動詞」は、例（50）（51）のように、「感受者（経験者）」が主語であるため、「感受者主語感情動詞（経験者主語である感情動詞）」、即ち「ES 型感情動詞」とも言え、「感情使役動詞」は、例（52）（53）のように、「経験者」が目的語であるため、「経験者目的語である感情動詞」、即ち「EO 型感情動詞」とも言えると指摘している。

（50）我对此已经很满意了。（張 2001）
私はこれに対してもう満足している。

「满意（満足する）」の「感受者（経験者）」は、主語である「我（私）」であるため、「满意（満足する）」は「ES 型感情動詞」とされている。

（51）我感谢你告诉了我这个消息。（張 2001）
私はあなたがこれを教えてくれたことに感謝しています。

「感谢（感謝する）」の「感受者（経験者）」は、主語である「我（私）」であるため、「感谢（感謝する）」は「ES 型感情動詞」とされている。

（52）他感动了我们。（張 2001）
彼がわれわれを感動させた。

「感动（感動する）」の「感受者（経験者）」は、目的語である「我们（私たち）」であるため、「感谢（感謝する）」は「EO 型感情動詞」とされている。

（53）他的事感动了我们。（張 2001）
彼のことはわれわれを感動させた。

「感动（感動する）」の「感受者（経験者）」は、主語である「我们（私たち）」であるため、「感动（感動する）」は「EO 型感情動詞」とされている。

張積家ら（2007）は「認知心理動詞」と「情意心理動詞」の二つに分類している。さらに、文雅麗（2007）は、感情動詞を「心理状態動詞」、「心理活動動詞」と「心理使役動詞」の三つに分けている。

これらの分類を表にすると以下の表 5-2 のようになる。

ここに見たように、研究者によって感情動詞についての分類は一致していないことが分かる。本研究は、張京魚（2001）の［感情状態動詞］と［感情使役動詞］の二分類に従うことにする。

表 5-2　中国語感情動詞の分類表

	分　類
範暁（1987）	［心理活動を表す動詞］［心理状態動詞］
楊華（1994）	［感情行為動詞］［感情状態動詞］
張京魚（2001）	［感情状態動詞］［感情使役動詞］
王紅斌（2002）	［心理活动動詞］［心理状态動詞］［心理変化動詞］
豊競（2003）	［感觉动词］［情感动词］［能愿动词］ ［思维动词］［认知动词］［判断动词］
張積家ら（2007）	［認知心理動詞］［情意心理動詞］
文雅麗（2007）	［心理活動動詞］［心理状態動詞］［心理使役動詞］

5.4.3　中国語感情動詞の自他性及び受身表現

さらに、中国語の感情動詞の自他性及び受身表現について、馬建忠（1898）は、感情動詞を他動詞としているのに対し、陳承澤（1922）は、喜怒哀楽等が“表示心理感觉或其见于外之状态之字”，是“状态自动字”。“此等之字亦得有后置副语……大多数得以表级度之限制副字副之”。“表心理或言语等类之他动字，则可以语句组成目的语，而率不得为被动”（喜怒哀楽などは人の感情を表す感情動詞である。感情動詞は自他の区別があり、感情自動詞の後には程度を表す補語が付き、感情他動詞の後には連語が目的語として付く、両者ともに受身構文にはならない)」と述べ、感情動詞には、自動詞も他動詞もあるとした上で、ともに受身にはならないとしている。蘭佳睿（2014）も、「心理动词很少能构成被动句（感情動詞は受身構文がめったにできない)」としている。しかし、二人ともその理由については述べていない。

また、既に述べたように張京魚（2001）は、中国語の感情動詞を「感情状態動詞」と「感情使役動詞」の二つに分けているが、「这两类心理动词都是及物动词（この二種類の動詞は他動詞である)」とし、中国語の感情動詞は受身構文ができると述べている。また、この二種の感情動詞の受身表現について、以下のような文型があるとし、例を挙げている。

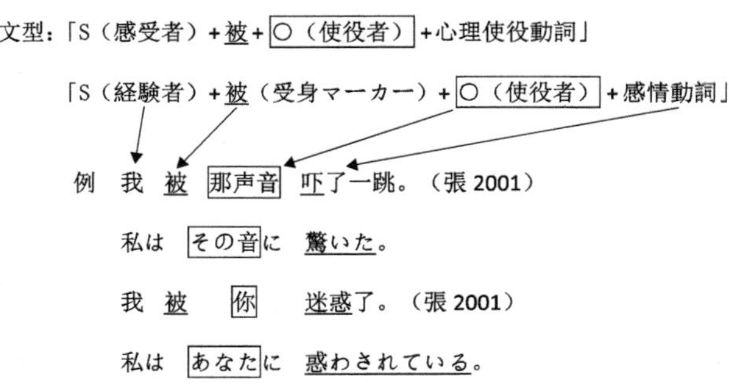

張京魚（2001）のこの分類は三原（2000）[58]の日本語での感情動詞の分類、即ちＥＳ型とＥＯ型の二種があるという点で同じであることが分かる。また、感情動詞についての自他の有無という点で、張（2001）と三原（2000）は表 5-3 のように異同がある。

58　三原（2000：54）心理動詞構文とは、何らかの感情を抱く人（経験者）と、その感情を引き起こす原因（「対象」）を含む構文である。この構文に、経験者が主語に立つ類型即ち ES 型と、経験者が目的語に立つ類型即ち EO 型の二区分があると指摘している)。

表 5-3　日中感情動詞の自他性、分類及び受身表現の対照

	感情動詞の分類	感情動詞の自他性	受身表現
張京魚(2001)	ES 型と EO 型が存在する中国語 ES 型：心理状態動詞 EO 型：心理使役動詞	全て「及物动词」(他動詞)	S（経験者）＋被＋O（使役者）＋心理使役動詞具体的には述べていない
三　原(2000)	ES 型と EO 型が存在する日本語 ES 型：心理活動動詞 EO 型：心理動詞の使役形	他動詞 自動詞	(「ヲ」格）他動詞：直接受身文　可 （焦る、ためらう、悔やむ、後悔するなどを除く） 「ニ」格感情動詞：一部直接受身文　可（呆れる、飽きるなど）

三原（2000）は日本語の ES 型感情動詞に関して心理活動動詞としているのに対し、張（2001）は中国語では心理状態動詞としている。動詞の自他性については、三原のほうは日本語では自他動詞ともにあるとしているのに対し、張のほうは中国語では全て他動詞であるとしている。また、受身表現については、三原のほうより詳しく分析しているが、張はただ文型が［S（経験者）＋被＋O（使役者）＋心理使役動詞］となると述べているだけである。

また、楊彩虹（2009）は、日本語の心理動詞は、受身に成りやすいと指摘し、中国語では、一般に心理動詞は受身に成りにくいとしており、その中でも他動性が高く、かつ動作性の高い心理動詞のみが直接受身文が成立しやすいという傾向があると述べている。

以上のように、中国語の感情動詞の受身表現についての先行研究は、調べた範囲では、数が少なく、また、その見解もあまり一致していないことが分かる。

本研究は、張京魚（2001）の見解に基づき、中国語の感情動詞の直接受身表現について考察し、中国語感情動詞の直接受身文の

成立条件を明らかにする。

5.4.4　中国語感情動詞の直接受身の成立条件

まず、張京魚（2001）の感情動詞の分類について考察してみよう。張（2001）は、「喜欢、害怕、关心、嫉妒、满意、讨厌、同情、羡慕、想念、尊敬、失望、（好く・怖がる・愛する・関心する・妬む・満足する・嫌う・同情する・慕う・懐かしむ・尊敬する・失望する）」（周・邵 1993）などの動詞を「感情状態動詞」とし、「喜、恨、恼、愁、吓、激怒、愉悦、感动、興奋、迷惑、为难（愛する・喜ぶ・恨む・怒る・悩む・驚く・怒る・楽しむ・感動する・興奮する・惑わす・困る）」などの動詞を「感情使役動詞」としている。「感情使役動詞」とは、「他感动了我们。（彼は我々を感動させた）」の「感动」のような動詞である。ここの「感动」はこの例のように日本語では「感動させた」というような使役形が用いられる。しかし、中国語の「感动」は日本語の「私は景色に感動した」というような場合にも用いられ日本人には自動詞的に取られるかもしれない。ただ、「私は景色に感動した」は中国語に訳すと「景色感动了我」か「景色让我感动」となる。これを直訳すれば「景色が私を感動させた」というような使役表現になる。そして、「感动」という言葉自体がこの使役的な意味を含んでいるのである。従って、「感情使役動詞」は日本語に訳すと［感情動詞＋「させる」］のようになる。

張京魚（2001）「心理動詞」の分類は表 5-4 となる。

表 5-4 張京魚（2001）「心理動詞」の分類表

心理状態動詞（73）	心理使役動詞（30）
爱、爱惜、担心、懂、惦记、反对、害怕、恨、后悔、怀念、嫉妒、埋怨、满意、怕、佩服、气、轻视、伤心、讨厌、疼爱、同情、希望、喜欢、嫌（弃）、羡慕、想、想念、欣赏、重视、尊敬、尊重、关心、爱好、爱护、防备、服从、感谢、忽视、怀疑、欢迎、计较、坚持、了解、留心、迷信、明白、迁就、强调、热爱、舍得、合适、适应、熟悉、贪、提倡、体谅、体贴、听从、相信、信、信任、需要、压制、赞成、拥护、赞美、照顾、支持、指望、注意、讲究	爱、喜、恨、恼、馋、愁、闷、吓、激怒、惹怒、恼怒、苦恼、触怒、激恼、取悦、怡悦、愉悦、平静、镇静、震惊、惊吓、激动、感动、兴奋、振奋、迷惑、骚扰、恫吓、恐吓、为难

張京魚（2001）は、中国語の感情動詞は全て他動詞であるとしているが、日本語に訳すと、下線を付した単語は日本語の「ニ」格感情動詞になってしまう。それでは、その中の「満意（満足する）」「同情（同情する）」「感动（感動する）」などについて考察してみよう。

（54）他们满意现在的生活。→彼らが今の生活に満足している。

（55）大家同情你的遭遇。→みんながあなたの境遇に同情している。

（56）你的事感动了我。→あなたのことが私を感動させた。（直訳）

私はあなたのことに感動した。（日本語訳）

上の（54）～（56）の例を見ると、下線部の単語は中国語では他動詞であるのに対し、日本語では「ニ」格感情動詞となる。特に「同情する・驚く」は、本研究では「他動性感情自動詞」と称している。これら「ニ」格をとる他動性感情自動詞は、日本語では「直接受身文」（普通の受身）が成立するが、中国語では「直接受身文」（普通の受身）ができるだろうか。

まず、次の例（57）～（60）の中国語の「感情状態動詞」から分析してみよう。例（57）（58）（59）（60）は感情動詞の能動文であるが、例（57'）（58'）（59'）（60'）はそれぞれに対応する受身文である。なお、「＿＿」が有情物、「＿＿」が無情物を示している。

（57）大家妒忌你／你的成功。
　　みんながあなた／あなたの成功を妬んでいる。
（57'）你／你的成功被大家妒忌。
　　あなた／あなたの成功はみんなに妬まれている。
（58）大家同情你／你的遭遇。
　　みんながあなた／あなたの境遇に同情している。
（58'）你／你的遭遇被大家同情。
　　あなた／あなたの境遇はみんなに同情されている。

（57）（58）の「感情状態動詞」の場合には、必ず対象物、目的語があり、その目的語が有情物でも無情物でも可能である。また、これらの「感情状態動詞」を受身にした場合にもその主語は有情物でも無情物でも可能である。

これに対し、次の例（59）（60）の場合は、能動文もその対象は無情物の場合にしか成立せず、その受身文はそもそも成立しない。つまり、対象物が無情物に限られている「感情状態動詞」は受身文が成立しない。

（59）　他们满意＊他／○他们现在的生活。
　　彼らは＊彼／現在の生活に満足している。
（59'）＊他／现在的生活被他们满意。
　　＊彼／現在の生活は彼らに満足されている。
（60）　＊大家失望你。→○大家失望你的做法。

＊みんながあなたに失望している。→○みんながあなたのやり方に失望している。

(60') ＊你／你的做法被大家失望

あなた／＊あなたのやり方はみんなに失望されている。

以上のことを図式にすると以下の図 5-6 のようになる。

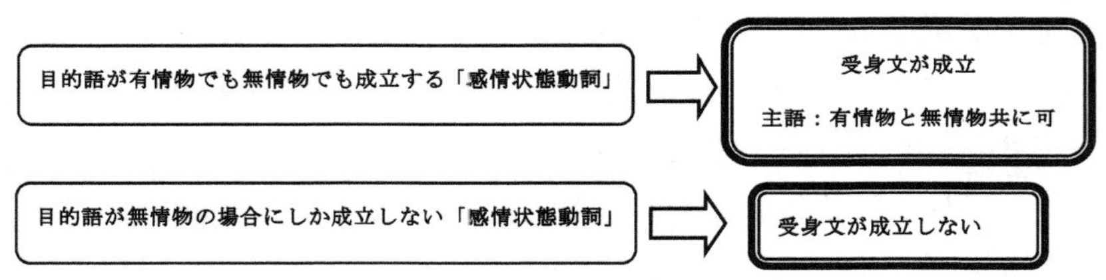

図 5-6　感情状態動詞の受身成立の条件

次に、中国語の「感情使役動詞」の受身成立条件について、(61) ～ (64) の例文を用いてを分析してみよう。なお、例 (61) (62) (63) (64) は感情動詞の能動文であるが、例 (61') (62') (63') (64') はそれなりの受身文である。「＿＿」が有情物、「＿＿」が無情物を表している。

(61) 你／你的笑容迷惑了我。

あなた／あなたの笑顔が私を惑わさせた。

(61') 我被你／你的笑容迷惑了。

私はあなた／あなたの笑顔に惑わされた。

(62) 你／你的事感动了我。

あなた／あなたのことが私を感動させた。

(62') 我被你／你的事感动了。

私はあなた／あなたのことに感動された。

これら（61）（62）の「感情使役動詞」の場合には、必ずその感情生起の誘因、即ちその「感情使役動詞」の能動文の主語が有情物でも無情物でも可能である場合には、受身文も可能である。

これに対し、下の（63）（64）のような場合は、能動文も、その誘因が無情物の場合にしか成立せず、受身文はそもそも成立しない。つまり、その「感情使役動詞」の能動文の主語、即ち誘因が無情物に限られている場合には、「感情使役動詞」の受身文は成立しない。

（63）　＊你／○你的举动兴奋了大家。
　　　　あなた／あなたの行為がみんなを興奮させた。
（63'）＊大家被你的举动兴奋了。
　　　　＊みんなはあなたの行為に興奮された。
（64）　＊他／○他的事情为难大家了。
　　　　彼／彼のことがみんなを困らせた。
（64'）＊大家被他的事情为难了。
　　　　＊みんなは彼のことに困られた。

以上のことを図式にすると以下のようになる。

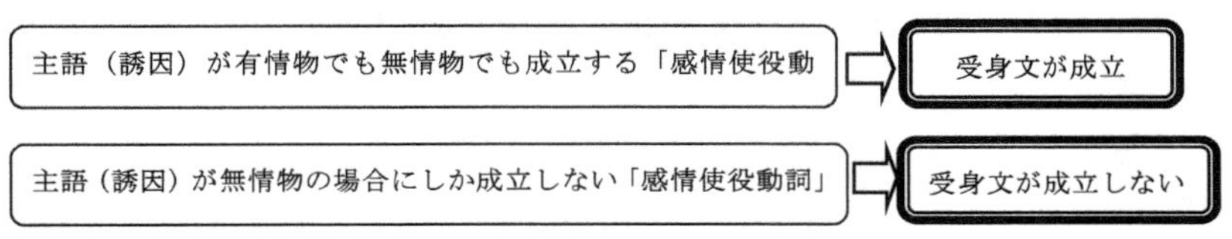

図 5-7　感情使役動詞の受身成立の条件

5.4.5 中国語感情動詞の直接受身表現のまとめ

以上見てきたように、「感情状態動詞文」も、「感情使役動詞文」も、感情の経験者は必ず「人（有情物)」でなければならない。また、「感情状態動詞」の感情の対象が「有情物」と「無情物」の両方が可能な場合に限り、受身文が成立することが分かった。また、「感情使役動詞」の場合には、その能動文の主語、即ち感情の誘因が「有情物」と「無情物」の両者が可能な場合に限り、受身文が成立する。しかし、「無情物」のみの場合には、受身は成立しないということが分かった。

図式化にすれば、次の図 5-8 のようになる

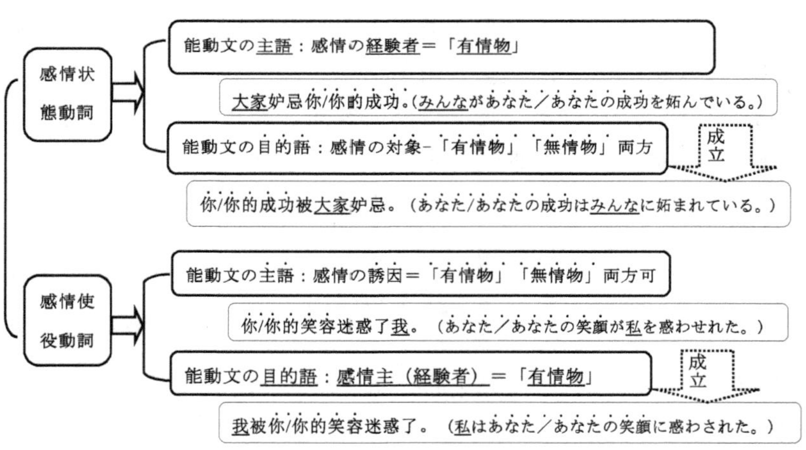

図 5-8 中国語感情動詞の受身成立条件

第 6 章

自動詞及び感情動詞の受身表現の日中対照

本章では、日本語と中国語の自動詞及び感情動詞の受身表現の異同についてまとめることにする。

6.1　日中自動詞の直接受身表現の対照

まず、自動詞の直接受身表現の日中対照であるが、第 2 章に述べた日本語の自動詞受身表現と第 5 章に述べた中国語の自動詞受身表現と対照すると、日中の自動詞の受身表現の異同は以下のようになる。

共通点：

① 日本語だけではなく、中国語においても自動詞の受身表現が可能である。

② 自動詞の受身表現は、日本語、中国語ともに被害・迷惑の受身となる。

③ 中国語の領主句という自動詞受身文の主語と動作主及び動作の関係は、日本語の自動詞受身文の主語と動作主の関係と似ている。

中国語の領主句：〔主語（被害者）＋自動詞＋了＋動作主〕
王冕　死了　父亲。

日本語自動詞受身文：
〔主語（被害者）＋動作主＋自動詞れる／られる〕
王冕は　父親に　死なれた。

相違点：

① 名詞の有情・無情性について

日本語：直接受身は、必ず有情物（主語）と有情物（動作主）との関係で成り立つ。

中国語：「他死了一盆花」（彼は花に枯れられた）というように有情物（主語）と無情物（動作主）との関係でも成立する。

② 文型構造

日本語：〔主語＋動作主＋自動詞受身形れる・られる〕

中国語：①〔主語＋被＋動作主＋単独の自動詞＋結果表現〕
例：「我被婴儿哭得睡不着觉（赤ん坊に泣かれて眠れなかった）」
② 領主句〔主語＋単独の自動詞＋了＋動作主〕
例：「王冕死了父亲（王冕が父に死なれた）」

6.2　日中感情動詞の直接受身表現の対照

第 4 章の日本語感情動詞の受身表現と第 5 章の 5.4 節の中国語感情動詞の受身表現により、感情動詞の直接受身表現に関する日中の異同は、以下のようになる。

まず、感情動詞の分類では、日本語の感情動詞は他動詞である「ヲ」格感情動詞と自動詞である「ニ」格感情動詞の二つに分けられるが、これに対し、中国語の感情動詞に関しては、張（2001）

によると、「感情状態動詞」と「感情使役動詞」の二つに分けられ、ともに他動詞とされている。これらの日中の二分類には関連性が見られない。

次に、感情動詞の「直接受身表現」については、日本語では、「ヲ」格感情動詞の場合には、主語が有情物であれば、通常直接受身が成立可能であるが、一部の「ヲ」格の感情動詞は、「最近、昭和時代が昭和レトロなどと言って、多くの人々によって懐かしまれている」のように特別な直接受身、即ち「自発受身」しかできない。

また、「ニ」格感情動詞は、直接受身が成立する場合と成立しない場合とがある。「ニ」格感情動詞には、深層格に「対象格」と「原因格」があり、「ニ」格の深層格が「原因格」である場合には、直接受身は成立せず、その深層格が「対象格」である場合のみ、直接受身が成立するということである。

また、日本語には直接受身の主語、即ち能動文の対象は必ず「有情物」でなければならないという条件がある。しかし、「広告収入を稼ぐためのその手法は既に視聴者から飽きられています」のように「無情物」を主語にした直接受身も成立する。それは、石川（1991）が指摘しているように、非日常的な場面、即ち歴史的、一般的な事態では「無情物」を主語とした受身も成立するということである。

一方、中国語の感情動詞は、「感情状態動詞」と「感情使役動詞」の二つに分けられる。「感情状態動詞」の場合、能動文の対象が「有情物」と「無情物」の両者が成立可能である場合には、直接受身が成立する。能動文の対象が「無情物」のみの場合は、直接受身は成立しないということである。また、「感情使役動詞」の場合には、能動文の主語、即ち感情の誘因に必ず「有情物」と「無情物」の両方が取れる場合に限り、直接受身が可能であるという条件がある。しかし、感情の誘因が無情物のみである場合には、直接受身は成立しない。

以上のことをまとめると、以下の図のようになる。

感情動詞	他動詞「ヲ」格 ⟹ 直接受身が普通可能
	自動詞「ニ」格の深層格が「対象格」の場合 ⟹ 可能

⇧（以下の条件を満たした上で）

名詞の性格	経験者：必ず有情物である	
	感情の対象	個人的、一般的な日常会話の場合：必ず有情物
		社会的などの非日常的な場合：有情物でも無情物でも可能

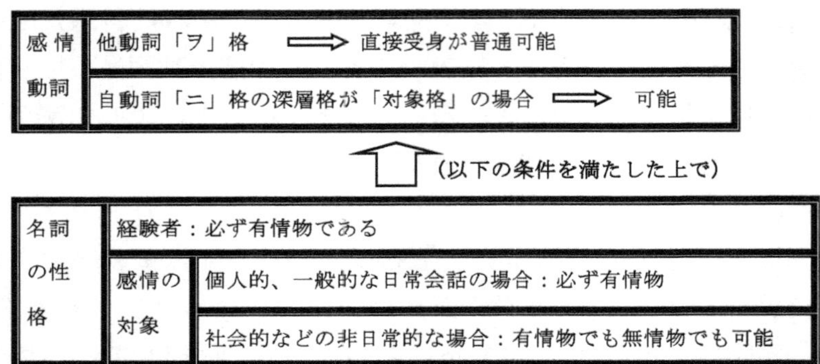

図 6-1　日本語感情動詞の成立条件

名詞の有情性、無情性	経験者：有情物
	感情状態動詞の場合：対象が有情物と無情物両方取れる場合 ⟹ 直接受身が可能
	感情使役動詞の場合：誘因が有情物と無情物両方取れる場合 ⟹ 直接受身が可能

図 6-2　中国語感情動詞の成立条件

第7章

まとめ及び将来の課題

7.1　序論

序論では、研究の動機と目的、研究方法、論文の概要について論じた。

7.2　日本語の受身表現についての先行研究

2.1.1節の「ヨーロッパ言語の受動態の定義」においては、『ラルース言語学用語辞典』『現代言語学辞典』『ロングマン言語教育・応用言語学用語辞典』『オックスフォード言語学辞典』の受身の定義を用い、ヨーロッパ言語における受身について分析した。その結果、ヨーロッパ言語においては、「受身」ではなく「受動態」という言葉が用いられ、その定義としては「動作主と受動者との主語の交換によって受動態が成立する」ということであった。

これに対し、2.1.2節の日本語の「受身」の定義は、主語と目的語の交替というものではなく、ある事物が他の動作の作用、或いは影響を直接または間接に受けることを表す表現である。他動詞の目的語を主語とする印欧語の受動態と異なり、自動詞の受身文も可能であり、また、他動詞の目的語をそのままにして、つまり格の交替がない受身文も可能であるという特徴がある。

2.2節の「日本語の受身名称の変遷」では、現在、日本語の

「受身」という名称が一般的に用いられるが、この「受身」という名称に至るまでに、どのような名称が用いられてきたのかを歴史を辿って見た。その結果、この「受身」という名称は、古くは、本居宣長の「所」（1771）に始まり、富士谷成章は「被身」（1778）、柴田常昭は「所語」（不明）、田中義廉は「受動」（1875）、中根淑は「逆用動詞」（1876）、三矢重松は「被役相」（1908）、松下大三郎は「被動」（1927）といった様々な言葉が用いられてきたことが分かった。現在一般的に使われている「受身」という名称は、大槻文彦が 1890 年に『語法指南』の中で提出しものであり、その後徐々に一般的に用いられるようになったものであることが分かった。

2.3 節の「日本語の受身表現の分類に関する史的研究」では、明治以前と明治時代からの二つに分け、日本語の受身の用法、及び分類について考察した。明治以前の研究では、最も古いと考えられるものは、江戸時代初期のロドリゲスの『日本大文典』（1604 ～ 1608）である。ロドリゲスは、その中でいわゆる直接受身（普通の受身）の用例としては 1 例を挙げているのみで、その他の用例は、「Cauauo fagaruru.（皮を剝がるる）Cubio vtaruru, 1, faneraruru.（首を討たるる、又は、刎ねらるる）などの 7 例を挙げているが、これらは、全て身体部位の受身である。しかも、表面上の主語、身体部位は「ヲ」格で表されていることが分かる。また、これらの用法を見ると、全て現代における「所有者受動」、つまり「間接受身」、或いは「被害・迷惑の受身」であることが分かった。なぜロドリゲスが普通の受身ではなく、被害・迷惑の受身を中心に取り上げたのか、その原因を考えてみると、日本語には本来無情物を主語した受身は存在しないが、印欧語話者であるロドリゲスは、母語の受身の特徴がある無情物を主語とした受身の用例を探し、これらの用例に辿り着いたものと思われる。つまり、ロドリゲスは、既にこの時期に日本語の受身の一つの特徴である「被害・迷惑の受身」に辿り着いていたことが分かる。

明治以前の受身表現に関する代表的な先行研究は、本居宣長の『てにをは紐鏡』(1771)、富士谷成章の『あゆひ抄』(1778) と本居春庭の『詞通路』(1832) である。ただ、宣長は、『てにをは紐鏡』の動詞活用の一覧表に「る・らる」とのみ記載し、欄外の注記に「此るは所にて所レ知所レ言などなり」と述べているだけで、特に記述していない。

富士谷は『あゆひ抄』(1778) の「九、被身」という章で受身表現について述べている。これを見ると、富士谷は、「被身」の用法とし、いわゆる受身形の四つの用法「受身」「可能」「自発」「尊敬」を既に全て挙げていることが分かった。

本居春庭は『詞通路』(1832) で、父本居宣長の考えを発展させ、動詞を自他の用法から六段に分けている。その中の第五段で「おのづから然せらるゝ」(自発表現)、第六段で「他に然せらるゝ」(受身表現) と簡単に触れているだけである。

2.3.2 節の「明治時代からの受身研究」では、受身研究について、「受身の主語の有情性と無情性という観点」「直接・間接という構造的な観点」「被害・迷惑性という意味的な観点」の三つの観点から考察した。

まず、2.3.2 節の 1)「受身の主語の有情性と無情性という観点」では、物集高見 (1878) から始めた。物集は、受身の主語の有情性・無情性について初めて論じた人物であり、「直接の態(直接受身)」の主語は有情物 (「生気あるもの」) でなければならないが、「間接の態 (間接受身)」の場合は、有情物でも無情物 (「生気なきもの」) でも可能であると指摘している。

また、山田孝雄 (1908) は、日本語の他動詞の中でも無情物を主語とする受身はできないと述べ、西洋語の受身文で無情物を主語とするものは、それを擬人化したからであると述べている。また、日本語では、無情物を主語とする受身は古来にもあると述べ、それを「他の観察者より見たる状態なり」としている。

また、三矢重松（1908）は、「受身は有情のもの、特に人或いは人に擬し得べき物が消極的に他より動作を被る場合、特に迷惑する場合に用うるを最も普通なる方法」であると述べ、日本語の受身は有情物の受身であるとし、西洋語の影響による無情物の受身表現は広く行われているが、それは純正な日本語ではないとしている。

また、松下大三郎（1928）は、日本語の受身の主語は、人格性があるため、意味的には必ず利害性があると指摘し、無情物は擬人化以外に日本語受身の主語にならないと指摘している。

佐久間鼎（1936）は、松下の観点を受け、日本語では、主格に来るものが人間或いはそれに準じる動物、その他の「有情の者」に限られると述べ、有情物の受身を日本語の本来の受身としている。また、建物などの無情物の受身は外国語の影響を受けたものであるとし、日本語固有のものではないと述べている。

三上章（1953）は、日本語においては、無情物の中の「天然現象」は、風雨雷鳴など動きの大きいものは容易にアニメイトされ擬人化され、無情物の受身が成立するが、それ以外の無情物では、受身が成立しないと指摘している。

さらに、石川（1991）は、日本語の本来の自然な受身は「有情者」と「有情者」との間にしか成立しないと述べ、「物（無情物）」に対する動詞を用いた受身は、自動詞の受身と同様に「被害・迷惑の受身」になると指摘している。また、現在よく用いられる無情物を主語とした受身は、「あの建物はずいぶん昔に建てられたらしいよ」などのような「歴史的な事実」「社会一般の流行や習慣・風習」「社会的な行事」「抽象的な内容、特に書き言葉」など非個人的、非日常的な場面にしか用いられないと指摘している。つまり、石川は、本来の日本語の受身は有情物と有情物の間の受身表現であると言い、社会的、歴史的など非日常的な場合、物を主語とする直接受身文も可能であると指摘している。

結論としては、多くの研究者は、日本語においては、無情物を主語とする無情物の受身がないとしていることが分かった。

2.3.2節の2)「受身の直接・間接という構造的な観点」では、現在日本語の受身研究でよく用いられる「直接受身」「間接受身」という用語について考察した。一般にこの用語は、寺村（1982）が使用し始めたものだと考えられてきた。しかし、今回の調査の結果、この言葉を初めて用いたのは、物集高見（19世紀末）であることが分かった。物集は、「日本文語」で、受身を受動と称し、受動とは「他の業作を受けていふ辭にして……直接、間接の両態あり」と初めて日本語の受身研究において、構造的な観点から「直接」「間接」という用語を用いていることが分かった。

その後、山田も、物集のこの「直接」「間接」という構造的な観点を受け、受身を二種に分け、他動詞の場合には主語が「直接に影響を蒙る」のに対し、自動詞の場合には主語が「間接に影響を蒙る」という違いがあると、「直接」と「間接」という言葉によって受身の用法を分けている。

さらに、山田と同時代の三矢も、物集の「直接」「間接」という構造的な観点を受け継いだ上に、「間接」受身に始めて「迷惑性」があると指摘している。

2.3.2節の3）では、松下大三郎、佐久間鼎、三上章の受身研究について、「被害・迷惑性」という意味的な観点から考察した。その結果、松下は、受身を「利害の被動」と「単純の被動」の二つに分け、初めて明確的に意味的な観点から日本語の受身の全体像を分析した。松下は、日本語の受身について分析する際、受身の利害性とともに「直接・間接」という構造的な観点からも分析を行っており、初めて明確的に意味的観点と構造的な観点から日本語の受身について分析している。

また、佐久間は、松下のこの意味的な観点を受け、「利害の受身」という表現を用い、日本語の受身を「単純のうけみ」と「利害のうけみ」の二つに分け、松下とは異なり、「単純の被動」を日本語の「本来のうけみ」としている。また、「利害のうけみ」は自動詞でも他動詞でもできると述べている。

その後、今泉忠義・宮地幸一は「受身の表現」(1950) の中で、松下が述べた「利害の被動」と佐久間が述べた「利害の受身」に対して「迷惑の受身」という名称を付けている。

また、三上は、松下文法と佐久間文法の「受身説」を継いだものであると自ら述べ、「はた迷惑の受身」と「まともな受身」と名付け、「まともな受身」ができる動詞を他動詞とし、「はた迷惑の受身」ができるが、「まともな受身」ができない動詞を自動詞としている。

寺村秀夫 (1982) は、日本語の受身の研究で現在よく用いられる「直接受身」と「間接受身 (迷惑受身)」という二つの用語に分けた。しかし、これらは寺村が初めて提唱したものではなく、既に述べたように物集高見が初めて使用し、山田孝雄、三矢重松がそれを受け継ぎ、用いたものである。また、寺村は「間接受身」について「迷惑受身」とも述べているが、これも三矢が初めて用い、松下によって明確にされたものであるということも分かった。

2.3.2 節の 4)「構造的な観点と意味的な観点から見た受身のまとめ」では、現在の日本語の受身研究でよく用いられる「直接受身」と「間接受身」、「被害・迷惑の受身」という分類に至るまでの研究の流れと日本語の受身表現の特徴を明らかにした。

2.3.2 節の 5)「その他の分類」では、「構造的な観点と意味的な観点から見る受身のまとめ」で提示した以外の研究についても簡単に触れた。

2.4 節では、先行研究から見える日本語の受身の特徴をまとめた。その結果、日本語の受身は①「主語の有情性・無情性」、②「直接・間接という構造的な観点」、③「被害・迷惑性という意味的な観点」という三つの特徴があることが分かった。それらの関係を前文の図 2-9 で示した。

また、2.4.2 節の 1)「日本語の自動詞受身表現の間接性」では、日本語の受身表現の特徴である自動詞と「間接受身」についてまとめた。

2.4.2 節の 2)「自動詞の受身表現の被害・迷惑性」では、自動詞の受身表現と被害・迷惑性との関係についてまとめた。なお、この自動詞の受身は、山田（1908)、三矢（1908)、松下（1928）などでは、日本語特有の表現であるとされてきたが、これに対し、金田一（1988・1999)、角田太作（1991）などは、自動詞受身表現は中国語やインドネシア語、ドイツ語、ラテン語、トルコ語などにもあると指摘していることについて述べた。

7.3　感情動詞の受身表現及び分類に関する先行研究

3.1 節の「感情動詞の受身表現—現在の問題点」では、現在問題となっている「ニ」格感情動詞の受身表現の問題点について考察した。一般に日本語の「直接受身」（普通の受身）は、他動詞のみに成立するとされ、他動詞とは、普通「ヲ」格を持つ動詞とされている。また、感情動詞には他動詞と自動詞があり、例えば「ヲ」格をとる他動性の感情動詞は「愛する・憎む・尊敬する・軽蔑する・怪しむ」などがあり、これらの「ヲ」格感情動詞には、確かに「直接受身」が成立することが分かる。一方、自動性の「ニ」格感情動詞には「感心する・感謝する・喜ぶ・酔う・うきうきする」などがある。しかし、これらを受身形にすると、「感心される・感謝される・喜ばれる」等となり、「直接受身」（普通の受身）が成立することが分かる。しかし、「酔われ・うきうきされる」などは直接受身にはならず、もし、使用されるならば、間接受身（被害・迷惑の受身）となる。この問題に関しては、第 4 章で論じた。

3.2 節の「感情動詞の受身表現に関する研究」では、感情動詞の受身表現の先行研究について論じた。これについて触れた最も古いものとしては、鈴木重幸『日本語文法・形態論』（1972）があるが、ごく簡略に触れているだけである。感情動詞の受身表現について本格的に研究したのは、寺村秀夫の『日本語のシンタクスと意味 I』（1982）である。3.2.1 では、この「寺村秀夫（1982）の観点」を取り上げた。寺村は日本語の感情動詞を「ヲ」格感情動詞と「ニ」格感情動詞の二つに分け、直接受身表現について論じている。

寺村の主張を次の図 3-3 にまとめた。

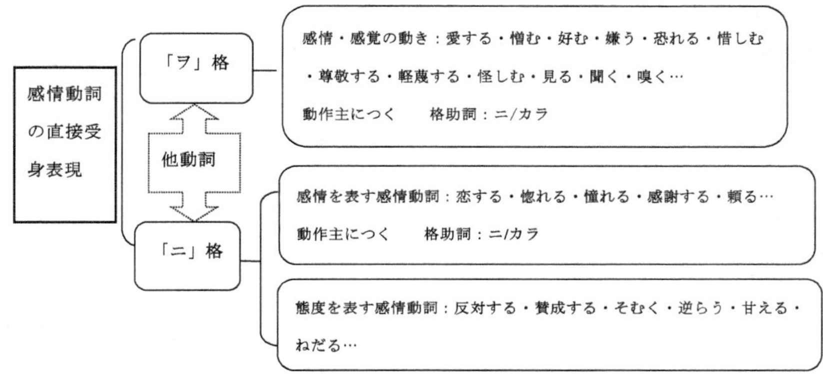

図 3-3　寺村の感情動詞の直接受身表現

寺村は、他動詞、自動詞の定義と直接受身、間接受身、また、「ニ」格をとる他動詞、感情動詞について、直接受身が成立するものを他動詞とし、間接受身（被害・迷惑）になるものは他動詞ではないとし、「ヲ」格をとるものが他動詞であるという定義から生じる「ヲ」格をとる自動詞の問題や「ニ」格感情動詞の「直接受身」成立などの難題を回避している。

3.2.2 節の「工藤真由美（1990）の見解」では、工藤の研究を取り上げた。工藤は、受身文ができる感情動詞とできない感情動詞の違いを、その感情動詞の持つ「対象に対する積極的な心的な態度を表すもの」を受動文が可能なものとし、「対象への働きかけ性がないもの、或いはむしろ働きかけをうけるもの」は受動文が出来ず、その中間にあって「弱い受身文」か、「自発文」ができるタイプの三つに分け、その基準を「対象に対する積極的な心的な態度を表すもの」という動詞自体の性質で分けている。しかし、この「対象に対する積極的な心的な態度」という定義はあまりにも主観的で曖昧である。

3.2.3 節では、「角田太作の受身研究（1991・2009）の見解」

について述べた。角田は、世界の諸言語の二項述語[59]の各枠組みを調べ、以下の表3-3のようにまとめている。

表3-3　二項述語の階層

類	1		2		3	4	5	6	7
意味	直接影響		知覚		追求	知識	感情	関係	能力
下位類	1A	1B	2A	2B					
例	殺す 壊す	叩く 蹴る	見る 聞く	look listen	待つ 探す	知る 分かる 覚える	愛す・惚れる・ 好き・嫌い・ 怒る・恐れる	ある 似る 欠ける	出来る 得意 強い

この表について、角田（2009）は、左に行けば行くほど他動性が強くなっており、右に行けば行くほど他動性が低くなるため、状態性が強くなると述べ、「日本語と英語では、大まかに言って、1類では自然な受動文を作れ、4類「知識」、5類「感情」くらいまでは受動文を作れるとしている。しかし、これも曖昧な定義であると思われる。

3.2.4節の「三原健一（1994）（2000）の見解」では、受身文を「直接受身」と「間接受身」のについて述べている。三原（2000）は、他動詞の認定基準の第一基準とし、「ヲ」で標示される目的語を有するか否かであると述べたが、その基準だけでは不十分だとし、「直接受動文が成立することは自他認定の重要な根拠になる」と主張している。この基準に基づき、「ニ」格感情動詞の中の直接受身文ができる動詞も他動詞、その他の感情動詞を自動詞としている。しかし、同じ「ニ」格感情動詞がどのような基準によって直接受身文を成立させるのかについては、何も述べていない。

59　行為項を1項支配する述語を「一項述語」、2項支配する述語を「二項述語」と呼ぶ。

3.2.5 節では、「北村よう（2008）の見解」について述べた。その結果、「感情動詞の受身は直接受身と間接受身の中間的なものと位置づけることができる」としている。

3.2.6 節の「先行研究における感情動詞の受身表現のまとめ」では、取り上げた感情動詞の受身表現の先行研究をまとめた。

3.3 節では、先行研究の感情動詞の分類を検討し、まとめた。3.3.1 節では、「寺村の感情動詞の分類」について述べた。寺村は、日本語の感情動詞を「一時的な気の動き、受身的感情の表現」を行う「ニ」格感情動詞と「能動的な心の動き、積極的な感情の発動」をする「ヲ」格感情動詞の二つに分け、このような「ニ」格をとる感情動詞の「ニ」は、感情の誘因を表す補語であり、これらの「ニ」格感情動詞を自動詞としている。一方、寺村は、また、「反対スル・賛成スル」などの同じ「ニ」格をとる感情動詞には直接受身の表現を作り得るものがあることを指摘し、他動詞としている。「ニ」格感情動詞で直接受身になれる基準については、述べていない。

3.3.2 節では、「工藤真由美の感情動詞の分類」について述べた。工藤（1995）は、アスペクト対立の有無の観点から、現代の日本語の動詞を「外的運動動詞」と「内的情態動詞」と「静態動詞」の三つに分け、さらに、その「内的情態動詞」を「思考動詞」、「感情動詞」、「知覚動詞」、「感覚動詞」の四種に分けている。感情動詞の受身表現については、工藤（1990）は、それを「受身文できるタイプ」（恨む・感謝するなど）と、「他動性が弱くなるため、受身文も自発文もできるタイプ」（疑うなど）と、「自発文できるが受身文できないタイプ」（苦しむ・悩む）と、「受身文できないタイプ」（呆れる・驚くなど）のように分けている。

3.3.3 節の「吉永尚の感情動詞の分類」では、心理動詞を感情・知覚感覚・思考の三つに分けている。心理動詞と意志性について吉永は、「知覚感覚的心理動詞は意志性が非常に低い」とし、「感情的心理動詞のほとんどは意志性をもたない」としている一方、「思考的心理動詞は意志性を持つものが他より多い」と述べている。即ち、「意志性が最も低いのは知覚感覚的心理動詞であり、感情的心理動詞は少数のものが弱い意志性を示す。思考的心理動詞はこれらと異なり、多くが意識性を示す」と述べている。

3.3.4 節では、「三原健一の感情動詞の分類」について分析した。三原（2000）は、「心理動詞構文とは、何らかの感情を抱く人（『経験者（ES)』）と、その感情を引き起こす原因（[対象（EO)」）を含む構文である」と指摘し、心理構文を「ES（experiencer-subject）型心理構文」と「EO（experiencer-object）型心理構文」の二つに分けている。

また、感情動詞の自他性について、三原（2000）は、「ニ」格感情動詞の中にも他動詞的なものがあり、直接受身文が成立することを自他認定の重要な根拠とし、「呆れる・飽きる・同情する・感心する」などの「ニ」格感情動詞を他動詞とし、その他のものは自動詞としている。さらに、三原（2000）は、「ヲ」格感情動詞の中でも「ためらう・悔やむ・後悔する」などのような一部の「ヲ」格感情動詞に関しては自発文は作れるが、受身文は作れないと述べている。しかし、その理由については説明していない。

3.3.5 節の「山岡政紀の分類」について考察した結果、山岡（1998）は、話者が発話時の自らの感情を表出する用法を「感情表出用法」とし、A「感情表出動詞」と、B「感情変化動詞」、とC「感情描写動詞」の 3 種に分けていることが分かった。

3.3.6 節では、「山川太の感情動詞の分類」について述べた。山川（2000）は、「ES 型心理動詞」を「対格・与格標示の両方を許容するもの」、「対格標示のみ許容するもの」、「与格標示のみ許容するもの」の3種類に分けている。

3.3.7節では、「北村ようの感情動詞の分析」について述べた。北村（2008）は、感情動詞の受身文は、直接受身文と間接受身文の中間に位置付けられると指摘しているが、「ニ」格感情動詞の受身表現だけの分析を行い、「ヲ」格の感情動詞については言及していない。また、その「ニ」格の感情動詞の受身表現に「直接受身」や「間接受身」のような名称は付けていない。

3.3.8節では、「原沢伊都夫の感情動詞の分類」について考察した。原沢（2010）は、「日本語の心の状態を表す述語」を「主観的な感情や感覚を表す感情形容詞」と「感情や思考・感覚・知覚などを表す心理的な動詞」の二つに分け、両者とも発話の瞬間における話し手の内的状態をそのまま表すという共通点があるとしている。

3.3.9節では、「感情動詞の分類のまとめ」について述べた。

3.4節では、第3章をまとめた。

7.4 「ニ」格感情動詞の直接受身表現に関する分析

本章では、まず、4.1節において、「ヲ」格感情動詞の直接受身表現について分析した。4.1.1節では、一般的な「ヲ」格感情動詞の直接受身表現について論じ、4.1.2節においては、特別な「ヲ」格感情動詞の直接受身表現、即ち自発的受身表現について論じた。4.1.3節では、「ヲ」格感情動詞の直接受身表現のまとめを述べた。結果は以下の通りである。

① 全ての「ヲ」格感情動詞は「単独他動詞」である。従って、石川（1991）の有対自他動詞の受身表現の説によれば、直接受身表現が出現しやすい。

② 殆どの「ヲ」格感情動詞には直接受身が可能であるが、「悔

やむ・後悔する」のような感情動詞には、典型的な直接受身は成り立ちにくい。それに対し、特別な直接受身表現、即ち、仁田の「自発受身表現」が成り立ちやすい。つまり、「ヲ」格感情動詞には、典型的な「直接受身表現」と特別な直接受身表現である「自発的受身表現」の二つがある。

③「ヲ」格感情動詞の「直接受身文」では、「経験者」も「感情の対象（直接受身文の主語)」もともに有情物でなければならない。しかし、歴史的なことや一般的な事態など非日常的な場合では、「経験者」は必ず有情物でなければならないが、「感情の対象（直接受身文の主語)」はものであることも可能である。

4.2節では、「ニ」格感情動詞の直接受身表現について論じた。まず、寺村（1982）の直接受身ができるタイプとできないタイプの「ニ」格感情動詞を挙げ、三原（2000）では直接受身が可能の「ニ」格感情動詞、即ち「同情する・感心する」などの「ニ」格感情動詞の直接受身表現について考察した。三原（2000）はこれらの動詞が直接受身可能なので他動詞、その他は直接受身文が不可能なので自動詞と認定するとしている。しかし、辞書においては全て自動詞となっており、他動詞としている辞書は見つからなかった。4.2.1節では、筆者は、これらの直接受身が成立する「ニ」格感情動詞を分析し、「他動性ニ格感情自動詞」と名付け、4.2.2節では、直接受身ができないタイプの「ニ」格感情動詞には、「がっかりする・驚く・びっくりする」などが挙げられるが、これらを「他動性『ニ』格感情自動詞」と名付けた。そして、これらの関係が成立するのは、あくまでもその受身文の主語が有情物である場合に限られることを明らかにした。また、北村の「ニ」格感情動詞の直接受身表現の例を取り上げて分析し、「ニ」格感情動詞には直接受身が成立するものと成立しないものがあることを明らかにした。しかし、この「ニ」格感情動詞の直接受身成立の条件の違いを、表層格からは分からないため、「ニ」格感情動詞の深層格を通し、追究していくことにした。

4.3 節では、「『ニ』格の深層格」について考察した。まず、4.3.1 節では、フィルモアの「格文法と深層格」について述べた。フィルモアは *The Case for Case*（1968）で、初めて「格文法」という考えを提示し、格を「surface case」（表層格）と「deep case」（深層格）の二つに分けた。深層格とは文の動詞（述語）に対し、他の語が果たす意味的な役割を持ち、全ての言語に共通した文意を表現する格であるとし、表層格とは、表層的な手掛かりから決まる構文的な役割を持ち、深層格に変形操作を加えて表層構造を導き出したものであるとしている。

さらに、国立国語研究所（1997）は、フィルモアの見解に基づき、「深層格とは、述語と共起する名詞句の述語に対する意味的関係、または、述語の意味する現実の一断面、或いは動作・状態・関係・シチュエーション・こと・事柄・出来事においてその必須または随意の参加者の担う意味的役割とする」と定義している。

フィルモア（1975）は、この深層格を「①動作主格、②経験者格、③道具格、④対象格、⑤源泉格、⑥目標格、⑦場所格、⑧時間格」の８種に分けている。

4.3.2 節では「感情動詞と深層格」について分析した。フィルモア（1975）は、「心理的事象述語を記述する場合には、経験者格のほかに、道具格も対象格も必要」と述べ、感情動詞の必須構成要素とし、「経験者格」と、「対象格」、或いは「原因格」があると述べている。

さらに、日本では、国立国語研究所（1997）で、深層格と表層格の対応関係について一覧表を作り、深層格を35種に分けている。それによれば、格の表層表現、即ち表層格の「ニ」格に対応する深層格を「動作主」、「経験者」、「無意識主体」、「対象」、「受け手」など28種としている。それを図4-4のように図式化した。太枠は、今回の「ニ」格感情動詞に関連するものである。

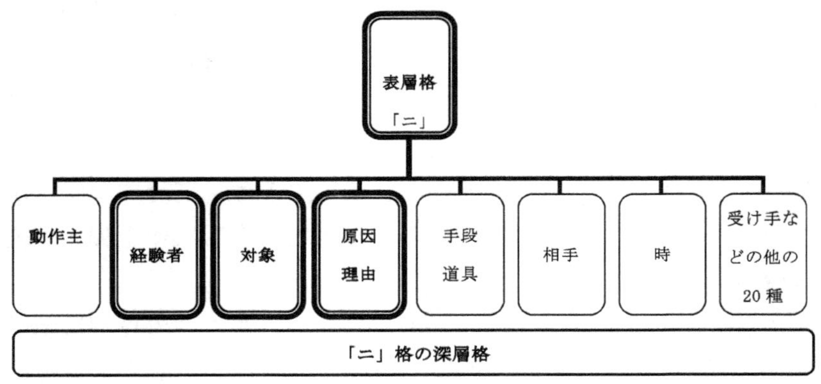

図4-4　「ニ」格の表層格と深層格

4.4節では、「『ニ』格感情動詞の『ニ』の深層格」について分析し、「ニ」格感情動詞の表層格「ニ」が表す深層格について明らかにした。

まず、『日本語基本動詞用法辞典』（1989）及び『感情表現辞典』（1993）にある全ての日本語の「ニ」格感情動詞の用例をまとめ、「ニ」格感情動詞の一覧表を作った。

「深層格」の提唱者であるフィルモアは、心理的事象述語を記述する場合には、必須構成要素とし、「経験者格」のほかに、「道具格（本論文の原因格）」、「対象格」を挙げたが、本論文では、これに基づき、『日本語基本動詞用法辞典』（1989）及び『感情表現辞典』（1993）で取り上げられている全ての「ニ」格感情動詞を「対象格」をとるものと「原因格」をとるものの二つに分け、コーパス「NLB」と「少納言」、その他により用例を収集し、分析した。その結果、「ニ」格感情動詞の持つ「ニ」格の深層格としては、フィルモアが感情動詞の必須構成要素として挙げた「対象格」と「原因格」の 2 種類のみで、他の深層格は見られなかった。その結果を次の図 3-5 で示した。

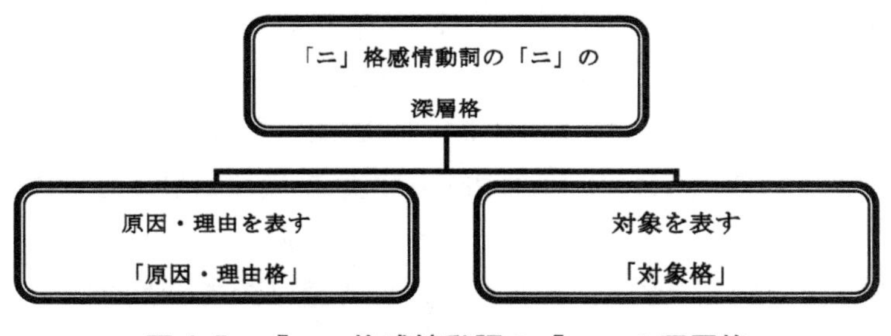

図 4-5　「ニ」格感情動詞の「ニ」の深層格

4.5 節では、「『ニ』格感情動詞の深層格と直接受身」について論じた。そこで、まず「酔う・湧く・おろおろする・うっとりする・浮かれる」などの「直接受身文」の用例が見つからなかった「ニ」格感情動詞の深層格について考察した。分析の結果、これらの「ニ」格の深層格は、全て「原因格」であることが分かった。従って、これらの感情動詞の「直接受身文」が見つからなかった原因は、これらの感情動詞の「ニ」格が「対象格」を表わせず、「原因格」のみを表すためであると推論した。

このことを検証するために、先に挙げた深層格が「対象格」を表す「ニ」格感情動詞 A の用例について改めて「直接受身」が可能かどうかを、用例を通して確かめた。その結果、「倦む」以外の「対象格」のある「ニ」格感情動詞は全て「直接受身」が可能であることが分かった。これをさらに例証するために、前に挙げた「ニ」格の感情動詞の「直接受身」の例文を受身文から能動文に変換し、「ニ」格の深層格について分析を行った。その結果、これらの直接受身の例文を能動文に戻した場合の「ニ」格の深層格は全て「対象格」になることが分かった。このことから、「ニ」格感情動詞の直接受身成立の条件の一つは、その「ニ」格の深層格が「対象格」であると推論した。

ただ、Aの「倦む」については、「ニ」格の深層格が「対象格」である感情動詞であるにもかかわらず、「直接受身」が見つからなかったが、この問題については、次の4.6節で論じた。

4.6.1節では、「直接受身不成立と主語の無情性」について考察した。まず「倦む」に「直接受身」ができない理由を探るためにコーパス「NLB」から「倦む」の前に接続する目的語の用例を収集し、分析した結果、「倦む」の目的語は全て「無情物」であることが分かった。一方、「倦む」以外の「対象格」を持つ「ニ」格感情動詞の目的語を調査してみると、無情物も有情物もあることが分った。また、そのうち、有情物を対象とする「ニ」格感情動詞の直接受身文は、「その人に飽きられずにいつまでも仲良くできるために…」のように全て成立するが、無情物を主語とした受身文、即ち「*全部食べるまでにクリームの味は私に飽きられてくる」というように、非文か或いは非常に不自然な文になってしまうことが分かった。このことから「対象格」を持つ「ニ」格感情動詞の「直接受身」の主語は、「有情物」であれば成立するが、「無情物」では一般的に成立しないという結論に至った。このことから、「倦む」には「直接受身文」の用例が見つからなかった理由は、「倦む」の対象格が全て無情物であるためだと考えた。

ただ、無情物を対象とする「ニ」格感情動詞の直接受身は、常に成立しないわけではなく、「テレビの馬鹿番組はもう飽きられている」のように成立する場合もある。このことについては次の節で論じた。

4.6.2節では、「直接受身成立と主語の無情性」について考察した。石川（1991）によれば、日常的、個人的な場面では、直接受身は、一般的に有情物と有情物の間でしか成り立たないが、日常的な場面から離れた非日常的な歴史的なこと、また一般的な事項や、特別な行事などの非日常的な場面では通常の受身、即ち「直接受身」が成立すると述べている。このことから先の「テレビの馬鹿番組はもう飽きられている」のような一般的な事象について述べているものに関しては、無情物を主語とした直接受身が成立可能であることから、先のような用例も可能であると考察した。

4.7節では、「『ニ』格感情動詞の直接受身文の成立条件のまとめ」について以下のようになった。

①「ニ」格感情動詞の「ニ」格の深層格は「対象格」と「原因格」があるということが分かったが、直接受身文が成立するものは「ニ」格の表すものが対象格でなければならない。
②「ニ」格感情動詞の直接受身文の主語は、一般的に有情物でなければならない。
③「ニ」格感情動詞の受身文の主語が無情物であっても、日常的な場面から離れた歴史的なこと、一般的な事項や、特別な行事などの場面は、通常の受身、即ち直接受身が成立する。

4.8節の「第３章のまとめ」では、まず、日本語の感情動詞は「ヲ」格の感情動詞と「ニ」格の感情動詞の２種に分けられこと、「ヲ」格の感情動詞は全て単独他動詞であるのに対し、「ニ」格感情動詞は全て単独自動詞であること、しかも、これらの「ニ」格感情自動詞は、自動詞であるにもかかわらず、他動詞と同じような働き、即ち直接受身が可能であるということが分かった。

また、殆どの「ヲ」格感情動詞は、一般的に有情物を主語とした「直接受身」が可能であるが、ごく一部は、普通の「直接受身」は成り立たず、特別な直接受身表現、即ち「自発的受身」となることが分かった。

「ニ」格感情動詞の深層格には「対象格」と「原因格」の二つがあり、「原因格」の「ニ」格感情動詞は、「直接受身」ができないのに対し、「対象格」を持つ「ニ」格感情動詞は、自動詞にもかかわらず、「直接受身」が可能であることが明らかにした。

さらに、感情動詞の直接受身文の主語は、能動文において「ヲ」格であるか「ニ」格であるかにかかわらず、日常的な場面では、必ず有情物でなければならない。ただし、非日常的な場面では、無情物が直接受身文の主語となる可能性があることを指摘した。

7.5　中国語の受身表現

5.1節の「中国語の受身の定義及び分類」では、先行研究から中国語の受身の定義及び分類について考察した。その結果、現代中国語の受身表現について述べたもので、最も古いものは黎锦熙（1924）で、本格的に分析したのは王力（1943）である。

5.1.1節では、王力の「受身説」について考察した。王力（1985）は、中国語の「被動式（受身）」について、動作が何ものかに働きかける場合、その動作をうけるもの、即ち被害を受けるものがその文の主語となる表現であると定義し、中国語の受身について詳しく分析している。王力（1985）の受身構文説については、次の図5-1にまとめた。

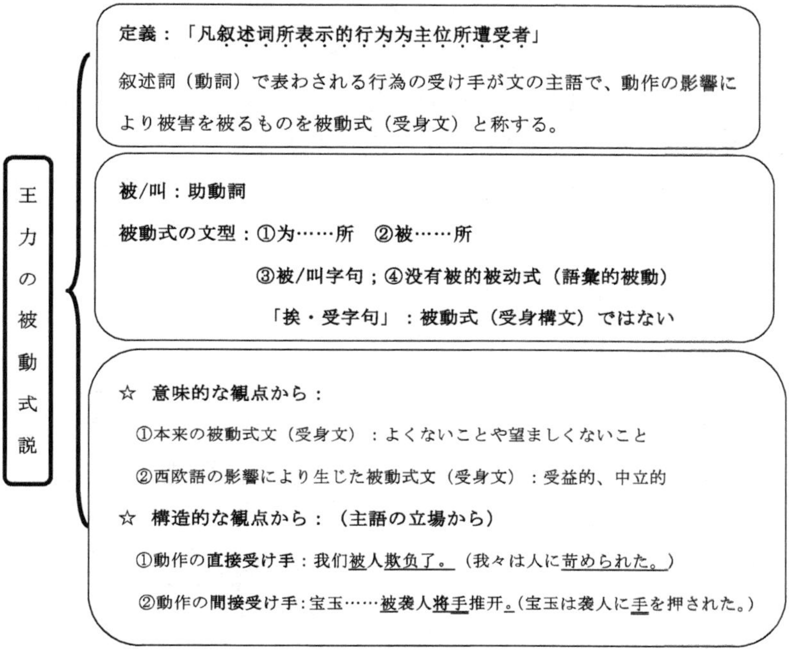

王力の被動式説

定義：「凡叙述词所表示的行为为主位所遭受者」
叙述詞（動詞）で表わされる行為の受け手が文の主語で、動作の影響により被害を被るものを被動式（受身文）と称する。

被/叫：助動詞
被動式の文型：①为……所　②被……所
③被/叫字句；④没有被的被动式（語彙的被動）
「挨・受字句」：被動式（受身構文）ではない

☆　意味的な観点から：
①本来の被動式文（受身文）：よくないことや望ましくないこと
②西欧語の影響により生じた被動式文（受身文）：受益的、中立的
☆　構造的な観点から：（主語の立場から）
①動作の直接受け手：我们被人欺负了。（我々は人に苛められた。）
②動作の間接受け手：宝玉……被袭人将手推开。（宝玉は袭人に手を押された。）

図5-1　王力（1985）の受身構文説

5.1.2節では、「中国語の「『被動句』の定義及び特徴」について論じた。『现代汉语（現代漢語）』（1993）では、本来の中国語の受身構文は被害・迷惑などのマイナスの意味があるが、西洋語の影響によってプラスの表現も可能になっているとし、その「被動句」の動詞は複雑であり、単独の動詞では成立しないとしている。

5.1.3節では、「中国語『被動句』（受身）の分類」について論じた。吕叔湘（1980）は、受動者と動作主の両者がある構文と、受動者しかない構文と、意味上の「被動句」（受身）の三つに分けている。傅雨賢（1986）は、介詞「被、叫、让、给」を中国語の「被動句」（受身文）の標識とし、「被動句」を「受身標識の

ある『被動句』＝有標の『被動句』」と「受身標識のない『被動句』＝無標の『被動句』」の二つに分け、「他受了批评（彼は叱られた）」なども「無標の『被動句』」としている。趙清永（1993）は、傅の観点を受け継ぎ、「受、遭」などを介詞とせず、動詞とし、「受、遭」などの「被動句」を「被動動詞句」と称している。

さらに、張興旺（2008）は、中国語の受身の分類を次のようにより詳しく分析している。

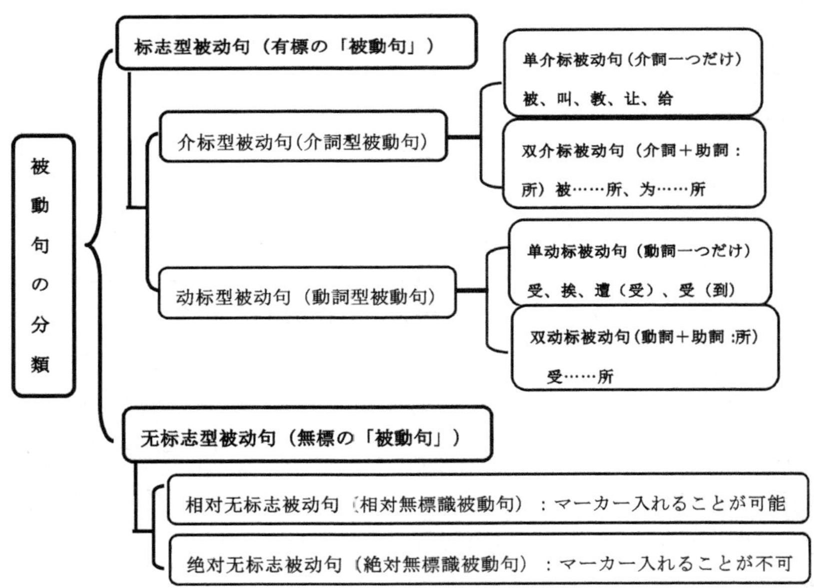

図 5-2　張興旺の「被動句」の分類

その他、劉月華他（1991）、陳（2000）は、「被字句（有標の受身文)」と「意義「被動句」（意味上の受身文)」の二つに分け、高橋弥守彦（2013）は、中国語の受身表現を「被字句」、「意味上の受身表現」、「語彙上の受身表現」の3種に大別し、王暁洁

(2014) は、中国語の受身は「被」の有無により、有標の受身文(即ち被字句) と、無標の受身文 (即ち意味上の受身文、或いは概念受身文) の二つに分けられるとしている。このように、中国語の受身構文の分類は、研究者によって様々であるが、主に受身の標識である介詞「被」「叫」「让」「给」などの有無により、大きく「標識のある『被動句』」と「標識のない『被動句』」の二つに分けられることが明らかになった。

5. 1. 4 節では、「中国語の受身構文のまとめ及び本論文の立場」について述べた。

5. 2 節では、「中国語他動詞の受身表現及び成立条件」について論じた。先行研究をまとめると、中国語における他動詞受身構文は下記のようになることが分かった。

① [主語＋被＋ (動作主) ＋結果性の強い他動詞＋ (了・着・過)]

② [主語＋被＋ (動作主) ＋結果性の低い他動詞＋結果補語 / [得＋様態補語＋了]

③ [主語＋被＋ (動作主) ＋結果性の低い他動詞＋了＋数量詞]

5. 3 節の「中国語の自動詞の受身表現」では、第 1 章でまとめた日本語の自動詞受身表現について簡単に触れ、また、近年多くの中国語研究者が「王冕死了父亲 (王冕は父に死なれた)」のように、中国語にも日本語と同じように「自動詞受身構文」、即ち「領主句」の存在を指摘していることについて述べた。

5. 3. 1 節では、「中国語自動詞の受身表現の研究①『有標の自動詞被動文』」について述べた。大河内 (1983) は、中国語においては「自動詞の受身」が成立する場合は殆どないが、例外として二つあると述べ、一つは、「看见（見える）・听见（聞こえる）」のような一部の知覚動詞に成立し、もう一つは囲碁などの解説において、「被」（受身の標識）を使うものが多いとしている。また、中島（1993・2007）は、中国語では「被」（受身の標識）の後に結果を表す「得」（になる）のような結果補語や事態の量的限定を表す数量詞という補語などを付加すれば、中国語においても自動詞の受身文が成立可能であるとしている。それぞれ「夜里我被（受身標識）婴儿哭得睡不着觉。（結果補語）（私は赤ん坊に泣かれて眠れなかった）」と「我被客人一来（数量限定），弄得没学好习。（私はお客に（一つ）来られて勉強できなかった）」のような例を挙げている。

中島の説を以下のようにまとめた。

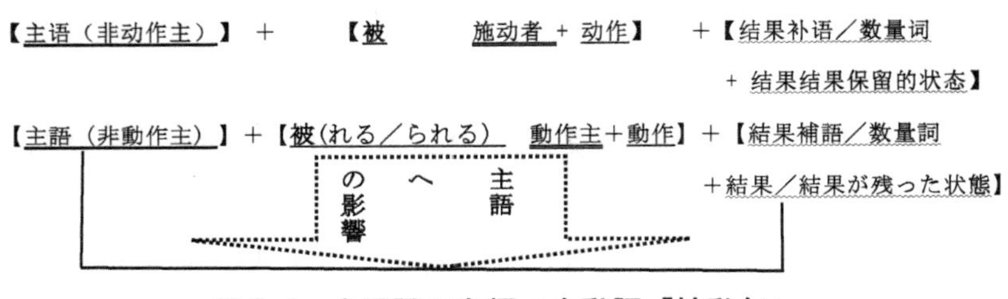

図 5-4 中国語の有標の自動詞「被動句」

また、中島（2007）で取り上げられた自動詞（受身文が成立する自動詞）、即ち「哭（泣く）」、「来（来る）」などの中国語自動詞は、全て単独、或いは一文字の自動詞であることが分かった。しかし、中島のこの説は、「死（死ぬ）」「逃／跑（逃げる）」のような自動詞では、「結果補語」、「数量詞」を加えても、受身文は成立しない。

5.3.2 節では、「中国語自動詞の受身表現の研究②無標の『被動句』—『領主句』について論じた。郭継懋（1990）が「王冕死了父亲（王冕は父に死なれた）」などの「自動詞受身構文」の存在を指摘し、郭継懋（1990）、徐傑（1999）、沈家煊（2006）、刘暁林（2007）、石毓智（2007）、潘海華・韓景泉（2008）、俞理明・呂建軍（2011）などにより研究が進められてきた。2012年には、馬志剛（2012）がこれらの自動詞受身文を「領主句」と名付けて、現在に至っている。このことにより、今までの中国語研究では自動詞受身文は存在しないという説や中島（2007）などの見解は不十分であることが分かった。

また、石毓智（2007）によると、「王冕死了父亲（王冕が父に死なれた）」のような「主語（王冕）＋自動詞（死）＋了（アスペクト詞）＋動作主（父亲）」という受身構文は宋代（960年－1279年）に既に確立され、現代でも「今天来了朋友，（什么都没做成）日友達に来られて、（何もできなかった）」のような例が存在することが明らかにした。

これは、郭継懋（1990）が、例文「万秀娘死了夫婿。（萬秀娘は夫に死なれた）」のような構文は、「主語：万秀娘（萬秀娘）」と「目的語：夫婿（夫）」の関係が広い範囲での所属関係（親族関係など）であるため、「領主属宾句」と称している。馬志剛（2012）は郭のこの「領主」関係について、①財産身体部位、②親族関係、③社会的関係の三つに分け、郭継懋（1990）の「領主属宾句」という名称を簡略化して「領主句」と名付けた。これは日本語の松下の「所有者受動」、鈴木重幸の「持ち主受身」に通じるものである。

5.3.2節の1）「『人間関係』の領主句とその受身表現」と5.3.2節の2）「『身体部位』、『財産所属』の領主句とその受身表現」では、馬志剛（2012）の3種の領主関係を踏まえ、中国語の自動詞の受身表現について論じた。その結果を、5.3.3節で以下のようにまとめた。

① 中国語には、有標の自動詞受身文と無標の自動詞受身文がある。

② 有標の自動詞受身文は［主語＋被／叫／让／教／给＋動作主＋単独の自動詞＋結果表現］となり、無標の自動詞受身文、即ち領主句は［主語＋単独の自動詞＋了（アスペクト詞）＋動作主］となる。

③ 有標の自動詞受身文。

領主句の場合、主語は必ず「有情物」であり、動作主は「有情物」でも、「無情物」でも成立する。

④ 中国語の自動詞の受身は、必ず被害・迷惑の受身となる。

5.4節においては、「中国語感情動詞の受身表現」について論じた。

5.4.1節では、「先行研究における感情動詞の定義と範疇」について考察した。その結果、中国語の感情動詞については、研究者によって意見が様々であることが分かった。胡裕樹・範暁(1995)は、感情動詞とは「感情、意向、認識、感覚、思惟などの心理活動或いは心理状態を表す動詞である)」と定義している。

5.4.2節では、「中国語感情動詞の分類」について考察した。中国語感情動詞の分類についても、一定したものはなく、これも研究者によって異なっていることが分かった。本研究は、張京魚(2001)の「感情状態動詞（ES型感情動詞)」と「感情使役動詞(EO型感情動詞)」の二分類に従うことにした。

5.4.3節では、「中国語感情動詞の自他性及び受身表現」について考察した。その結果、中国語の感情動詞の受身表現についての先行研究は、調べた範囲では、数が少なく、また、その見解もあまり一致していないことが分かった。

5.4.4節では、「中国語感情動詞の直接受身の成立条件」について論じた。張（2001）は、「喜欢、满意、尊敬、失望、（好く・満足する・尊敬する・失望する）」などの動詞を「感情状態動詞」とし、「恼、感动、兴奋、为难（怒る・感動する・興奮する・困る）」などの動詞を「感情使役動詞」としている。「感情使役動詞」とは、例えば「他感动了我们。（彼は我々を感動させた）」の「感动」は、この例のように日本語では「感動させた」というように使役形が用いられる。しかし、中国語のこの「感动」は日本語の「私は景色に感動した」というような場合にも用いられ、日本人には自動詞のように受け取られるかもしれない。ただ、「私は景色に感動した」を中国語に訳すと「景色感动了我」か「景色让我感动」となる。これを直訳すれば「景色が私を感動させた」というような使役表現になる。そして、この「感动」という言葉自体が使役的な意味を含んでおり、この「感情使役動詞」は日本語に訳すと［感情動詞＋「させる」］のようになる。中国語の感情動詞は全て他動詞であるとしているが、日本語に訳すと、一部の単語は日本語の「ニ」格感情動詞、しかも直接受身が可能であることが分かった。

次に、中国語の「感情状態動詞」の直接受身表現について考察した。能動文における「感情状態動詞」の対象の有情性、無情性について分析を行い、「感情状態動詞」に、対象が有情物でも無情物でも成立するものと、対象が無情物の場合にしか成立しないもの２種があることを明らかにした。対象に有情物、無情物ともに取れる「感情状態動詞」には、受身が可能であり、それを受身にした場合に、その主語は有情物でも無情物でも可能であるが、無情物しか取れない「感情状態動詞」は、その「受身文」はそもそも成立しないことを明らかにした。つまり、対象物が無情物に限られている「感情状態動詞」には「受身文」が成立しないということである。以上のことを5-6にまとめた。

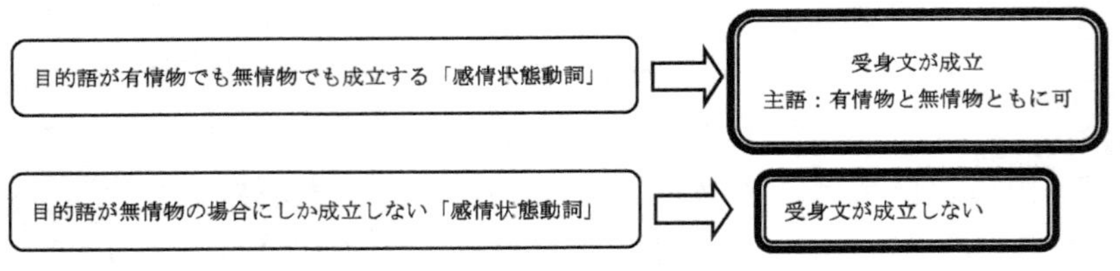

図 5-6　「感情状態動詞」の受身成立の条件

その次、中国語の「感情使役動詞」の受身成立条件について論じた。「感动（感動させる）・兴奋（興奮させる）」ような「感情使役動詞」の能動文における主語がその感情生起の誘因である。その誘因となる主語の有情性、無情性について分析を行い、「主語（誘因）が有情物でも無情物でも成立するものと、主語（誘因）が無情物の場合にしか成立しないものの2種があることを明らかにした。主語に有情物、無情物ともに取れる「感动（感動させる）」のような「感情使役動詞」には、「受身」が可能であるが、主語に無情物しか取れない「兴奋（興奮させる）」のような「感情使役動詞」には、「受身文」は成立しないことを明らかにした。この点は日本語と大いに異なる。以上のことを図5-7にまとめた。

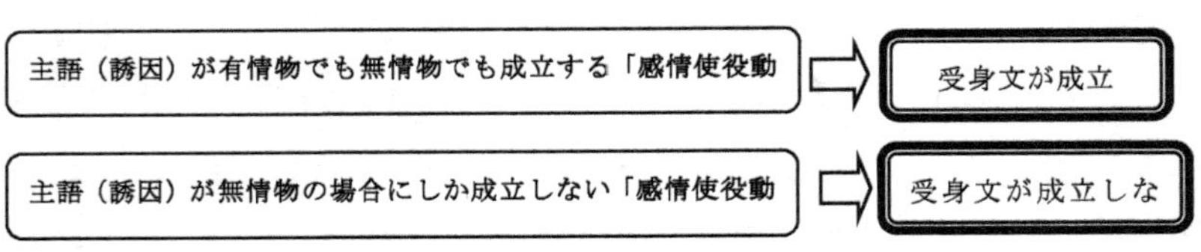

図 5-7　感情使役動詞の受身成立の条件

5.4.5節では、「中国語感情動詞の直接受身表現のまとめ」について述べた。中国語の「感情状態動詞」の感情の対象が「有情物」と「無情物」の両方で可能な場合に限り、「受身文」が成立することが分かった。また、「感情使役動詞」の場合には、その能動文の主語、即ち感情の誘因で「有情物」と「無情物」の両者が可能な場合に限り、「受身文」が成立するが、「無情物」のみの場合には、「受身文」は成立しないということが分かった。

それを図5-8にまとめた。

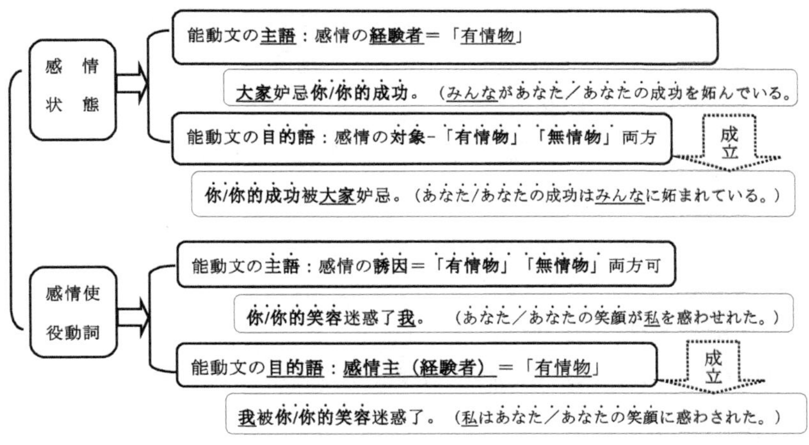

図5-8　中国語感情動詞の受身成立条件

7.6　自動詞及び感情動詞の受身表現の日中対照

本章では、日中の自動詞及び感情動詞の受身表現の異同についてまとめた。

6.1節の「日中自動詞の受身表現の異同」では、その異同について以下のようにまとめた。

共通点：

① 日本語だけではなく、中国語においても自動詞の受身表現が可能である。

② 自動詞の受身表現は、日本語、中国語ともに被害・迷惑の受身となる。

③ 中国語の領主句という自動詞受身文の主語と動作主及び動作の関係は、日本語の自動詞受身文の主語と動作主の関係と似ている。

中国語の領主句：[主語（被害者）＋自動詞＋了＋動作主]
王冕　死了　父亲。

日本語自動詞受身文：
[主語（被害者）＋動作主＋自動詞れる／られる]
王冕は　父親に　死なれた。

相違点：

①名詞の有情・無情性について

日本語：直接受身は、必ず有情物（主語）と有情物（動作主）との関係で成り立つ。

中国語：「他死了一盆花」（彼は花に枯れられた）というように有情物（主語）と無情物（動作主）との関係でも成立する。

②文型構造

日本語：「主語＋動作主＋自動詞受身形れる・られる」

中国語：① 主語＋被＋動作主＋単独の自動詞＋結果表現

例:「我被婴儿哭得睡不着觉（赤ん坊に泣かれて眠れなかった）」

② 領主句「主語＋単独の自動詞＋了＋動作主」

例：「王冕死了父亲（王冕が父に死なれた）」

6.2節では、日中感情動詞の直接受身表現の異同について論じた。まず、感情動詞の分類では、日本語の感情動詞を他動詞である「ヲ」格感情動詞と自動詞である「ニ」格感情動詞の二つに分けた。中国語の感情動詞については、張（2001）に基づき、「感情状態動詞」と「感情使役動詞」の二つに分け、共に他動詞とした。

次に、感情動詞の「直接受身表現」については、日本語では、「恨む」のような「ヲ」格感情動詞の場合には、主語が有情物であれば、通常直接受身が成立可能であるが、「ためらう」のような一部の「ヲ」格の感情動詞は、特別な直接受身、即ち「自発受身」しかできないことが分かった。

また、「ニ」格感情動詞は、「直接受身」が成立する場合と成立しない場合とがあることが長い間、大きな問題となってきた。従来の研究では、その違いを直接受身が成立するものとしないものという結果に求め、問題を回避するか、「動詞の対象に対する積極的な心的な態度（工藤1990）」や「動詞の他動性の強さ（角田2009）」など動詞に対する主観的な定義によって追究してきたが、決定的な根拠に欠けていた。本論文では、「ニ」格感情動詞をほぼ全てピックアップし、国立国語研究所のコーパス「NLB」やコーパス「少納言」により、用例を収集し、その能動文の「ニ」格の深層格を分析し、「対象格」を持つものと「原因格」を持つものと、また、その両者を持つものがあるということを明らかにした。さらに、これらの用例を受身文に変換し、直接受身が成立するかを見た。その結果、「ニ」格の深層格「原因格」である場合には、「直接受身」が成立せず、その深層格が「対象格」である場合のみに「直接受身」が成立するということを明らかにした。また、その能動文の対象は必ず「有情物」でなければ直接受身文にならないということを指摘した。ただし、これも日常的、個人的な場面において成立するものであり、歴史的、一般的な事態、即ち石川（1991）の述べる非日常的な場面では無情物を主語とした受身も成立するということも用例から明らかにした。

一方、中国語の感情動詞は、「感情状態動詞」と「感情使役動詞」の二つに分けられる。「感情状態動詞」の場合、能動文の対象が「有情物」と「無情物」の両者が成立可能である場合には、直接受身が成立する。能動文の対象が「無情物」のみの場合は、直接受身は成立しないということが分かった。また、「感情使役動詞」の場合には、能動文の主語、即ち感情の誘因に必ず「有情物」と「無情物」の両方が取れる場合に限り、直接受身が可能であり、無情物のみの場合には、直接受身は成立しないということが分かった。

以上が本論文のまとめである。

将来の課題としては、中国語自動詞受身文の成立の条件とし、単独の動詞しか受身が成立しないのはなぜか、その理由を明らかにしたい。また、本論文で明らかにした受身の用法や感情動詞に関する分析の結果を実際の日本語教育の現場でどのように展開していくか、教材を含め、その指導法を研究していくことも今後の課題としたい。

参考文献

著作と論文

相原茂，楊凱栄，1990. 自動詞・他動詞—中国語と日本語—[J]. 国文学解釈と鑑賞，55(1)：123-128.

青木伶子，1980. 使役—国語学大辞典 [M]. 東京：東京堂.

天野みどり，2001. 無情物主語のニ受動文—意味的関係の想定が必要な文—[J]. 国語学，55(2)：1-15.

飯嶋美知子，2007. 論説文の訳文から見た受動文の日中対照研究—中国語母語話者への教育の一環として—[J]. 早稲田大学日本語教育研究 (10)：17-30.

庵功雄，2001. 新しい日本語学入門：ことばのしくみを考える [M]. 東京：スリーエーネットワーク.

庵功雄，2008. 漢語サ変動詞の自他に関する一考察 [J]. 一橋大学留学生センター紀要 (11)：47-63.

石川守，1991. 自動詞と他動詞の用法について—『人と視点』と『物の視点』に関して [J]. 語学研究 (64).

市川保子，1997. 日本語誤用例文小辞典 [M]. 東京：イセブ.

今泉忠義，宮地幸一，1950. 受身の表現—現代国語法・四 [M]. 東京：有精堂.

梅棹忠夫，金田一春彦，坂倉篤義，日野原重明，1989・1995. 日本語大辞典 [M]. カラー版. 東京：講談社.

大河内康憲，1982. 中国語の受身 [C]// 森岡健二，ほか. 講座日本語学 (10). 東京：明治書院：319-332.

大河内康憲，1983. 日・中語の被動表現 [J]. 日本語学 (4).

大河内康憲，1997．日本語と中国語の対照研究論文集［C］．東京：くろしお出版．

大槻文彦，1890．語法指南［M］// 小林新兵衛．広日本文典．東京：東京築地活版製造所．

大野純子，1993．日本語の間接受動文の制約［J］．日本語と日本語教育（22）：65-81．

大野晋，大久保正，1968．本居宣長全集（第五巻）［M］．東京：筑摩書院．

大野晋，柴田武，1977．岩波講座日本語［C］．東京：岩波書店．

岡田誠，2014a．近代文法学史における受身と状態性—山田文法を中心に［C］．文学研究科論集（41）．

岡田誠，2014b．現代受身文の分類と理論—松下文法から日本語記述文法へ—［J］．言語文化研究（13）：19-34．

奥津敬一郎，1987．使役と受身の表現—国文法講座 6 巻［C］．東京：明治書院．

尾上圭介，1998．ラレル文の多義性と主語［J］．言語，32(4)：34-41．

小野尚之，2003．日本語受動文の事象構造分析［R］// 電子情報通信学会技術研究報告．NLC，言語理解とコミュニケーション，103(280)：7-12．

小野尚之，1997．中国語の諸相［M］．東京：白帝社．

王还，1990．“把”句子和“被”句子［M］．上海：上海教育出版社．

王晓洁，2014．“被”字句教学设计［D］．长春：吉林大学．

王红斌，2002．现代汉语心理动词的范围和类别［J］．晋东南师范专科学校学报，19(4)：62-64．

王占華，2003．動詞における結果含意の日中比較［J］．日中言語対照研究論集（5）：23-38．

王力，1943．中国现代语法 上［M］．北京：商务印书馆．

王力，1944．中国现代语法 下［M］．北京：商务印书馆．

王力，1985．王力文集（第二卷）［M］．济南：山东教育出版社．

郭继懋，1990．领主属宾句［J］．中国语文（1）．

郭春貴，2001．誤用から学ぶ中国語—基礎から応用まで［M］．東京：白帝社．

郝敏，2010．现代汉语广义领主属宾句的研究［D］．南昌：江西师范大学文学院．

影山太郎，2001．日英対照動詞の意味と構文［M］．東京：大修館書店．

加藤由紀子，2001．感情表現における動詞とその周辺［C］// 岐阜大学留学センター．岐阜大学留学センター紀要：47-59．

川村大，2004．受身・自発・可能・尊敬—動詞ラレルの形の世界［M］// 尾上圭介．朝倉日本語講座6 文法Ⅱ．東京：朝倉書店．

北村よう，2008．感情動詞の受身をめぐって［J］．東海大学紀要（3）．

木村英樹，1992．BEI受身文の意味と構造［J］．中国語，6（389）：10-15．

木村英樹，2006．「持続」・「完了」の視点を超えて—北京官話における「実存相」の提案—［J］．日本語文法（11）：45-61．

木村英樹，楊凱栄，2008．授与と受動の構文ネットワーク—中国語授与動詞の文法化に関する方言比較文法試論—ヴォイスの対照研究：東アジア諸語からの視点［M］．東京：くろしお出版．

邱林燕，2013．中国語と日本語との受身の考察（1）—中国語の場合—［J］．国際広報メディア・観光学ジャーナル（16）．

矫远峰，1997．日汉辞典［M］．沈阳：辽宁人民出版社．

金水敏，1991. 受動文の歴史についての一考察 [J]. 国語学 (164).
金田一春彦，1999. 日本語 新版 [M]. 東京：岩波書店.
工藤真由美，1990. 現代日本語の受動文 [J]. ことばの科学 (4).
工藤真由美，1995. アスペクト・テンス体系とテクスト [M]. 東京：ひつじ書房.
久野暲，1983. 新日本文法研究 [M]. 東京：大修館書店.
クルチウス，1971. 日本文典例証 [M]. 三沢光博，訳. 東京：明治書院.
小池清治他，1997. 日本語学キーワード事典 [M]. 東京：朝倉書店.
小泉保他，1989. 日本語基本動詞用法辞典 [M]. 初版. 東京：大修館書店.
国語学会，1980. 国語学大辞典 [M]. 東京：東京堂出版.
国立国語研究所，2004. 分類語彙表—増補改定版 [C]// 大日本図書. 国立国語研究所資料集 (14).
国立国語研究所，1997. 日本語における表層格と深層格の対応関係—Cases and Japanese Postpositions[M]. 東京：三省堂.
近藤健二，2000. 求心型・遠心型・中立型—日本語受動文の三つの型 [J]. 言語と文化 (創刊号).
黄伯荣，廖序东，1997. 现代汉语 [M]. 增订二版. 北京：高等教育出版社.
胡以男，2003. 浅谈日语“受身形”表达方式 [J]. 教学与研究 (2).
胡裕树，范晓，1995. 动词研究 [M]. 河南：河南大学出版社.
斉木美知世，2008. 松下文法と被動表現の分類一所有物が意味するもの [J]. 論業現代文化・公共政策 (7).
阪田雪子，1980. 受身を表す言い方—教師用日本語教育ハンドブック④文法 II[M]. 東京：凡人社.

佐久間鼎，1936. 現代日本語の表現と語法 [M]. 東京：くろしお出版.

J DUBOIS,M GIACOMO,L GUESPIN,et al.,1980. ラルース言語学用語辞典 [M]. 伊藤晃，木下光一，福井芳男，丸山圭三郎，等，訳. 東京：大修館書店.

志波彩子，2009. 現代日本語の受身文の体系：意味・構造的なタイプの記述 [D]. 東京：東京外国語大学大学院総合国際研究科.

新村出他，1991. 広辞苑 [M]. 第 4 版. 東京：岩波書店.

柴谷方良，1978. 日本語の分析：生成文法の方法 [M]. 東京：大修館書店.

柴谷方良，1997.「迷惑受身」の意味論 [M]// 川端善明，仁田義雄日本語文法体系と方法. 東京：ひつじ書房，1-22.

ジャック・C. リチャーズ，リチャード・ミュミット，2013. ロングマン言語教育・応用言語学用語辞典 [M]. 高橋貞雄，山崎真稔，小田眞幸，松本博文，訳. 増補改定. 東京：南雲堂.

徐杰，1999. 两种保留宾语句式及相关句法理论问题 [J]. 当代语言学 (1).

徐杰，2001. 普遍语法原则与汉语语法想象 [M]. 北京：北京大学出版社.

沈家煊，2006. “王冕死了父亲”的生成方式——兼说汉语“糅合”造句 [J]. 中国语文 (4).

杉本武，1991. ニ格をとる自動詞―準他動詞と受動詞―日本語のヴォイスと他動性 [M]. 東京：くろしお出版.

杉本つとむ，1999. 西洋人の日本語研究 [M]. 東京：八坂書房.

鈴木一彦，林巨樹，1984. 研究資料日本文法 [M]. 東京：明治書院.

鈴木重幸，1972. 文法と文法指導［M］. 東京：むぎ書房.
鈴木重幸，1972. 日本語文法・形態論［M］. 東京：むぎ書房.
住田哲郎，2010. イメージスキーマによる受身文の分析［J］. 神戸大学留学生センター紀要（16）：1-17.
饶长溶，1990. 把字句 · 被字句［M］. 北京：人民教育出版社.
周有斌，邵敬敏，1993. 汉语心理动词及其句型［J］. 语文研究（8）.
萧斧，1952. 被动式杂谈（上）［J］. 语文学习（3）.
石毓敏，2007. 言语学假设中的证据问题——论王冕死了父亲之类句子产生的历史条件［J］. 语言科学（6）：39-51.
高津鍬三郎，1893. 日本中文典［M］. 東京：金港堂書店.
高橋弥守彦，2006. 実用詳解中国語文法［M］. 東京：郁文堂.
高橋弥守彦，2011. 中日対照言語学概論—文法論—［C］. 試行本. 東京：日本文法研究会.
高橋弥守彦，2013. “被字句”の受け手と仕手について［J］. 大東文化大学紀要（51）：213-231.
高見健一，1995. 機能的構文論による日英比較［M］. 東京：くろしお出版.
田中春光，1988. 現代言語学辞典［M］. 初版. 東京：成美堂.
田中義廉，1874. 小学日本文典 巻三［M］. 東京：雁金屋清吉板.
赵元任，1979. 汉语口语语法［M］. 吕叔湘，译. 北京：商务印书馆：168.
张京魚，2001. 汉语心理动词及其句式［J］. 唐都学刊（1）.
张兴旺，2008. 现代汉语被动句的界定及其分类［J］. 阴山学刊，21（1）：47-50.
赵清永，1993. 对被动句的再认识［J］. 北京师范大学学报（社会科学版）（6）.
张积家，陆爱桃，2007. 汉语心理动词的组织和分类研究［J］. 华南师范大学学报（社会科学版）(1).
陈昌来，2000．现代汉语句子 [M]．上海：华东师范大学出版社.
陈承泽，1922．国文法草创 [M]．北京：商务印书馆.
辻幸夫，2002．認知言語学のキーワード辞典 [M]．東京：研究社.
角田太作，2009．世界の言語と日本語—言語類型論から見た日本語 [M]．改訂版．東京：くろしお出版.
寺村秀夫，1982．日本語のシンタクスと意味 I [M]．東京：くろしお出版.
時枝誠記，1950．日本文法—口語篇 [M]．東京：岩波書店.
時枝誠記，1954．日本文法—文語篇 [M]．東京：岩波書店.
豊嶋裕子，1988．“被”字句の成立条件に関して [J]．中国語学(235)：99-108.
豊嶋裕子，1992．“NP ＋ VP”の成立条件と意味について [J]．中国語 (10-15).
鄭暁青，1996．中国語の日本語の受け身文—動詞のボイスの研究のために—[J]．国文学解釈と鑑賞 (61).
丁声树，1961．现代汉语语法讲话 [M]．北京：商务印书馆.
湯麗，蔡親平，2006．日本語における心理動詞のアスペクトについて [J]．福井工業大学研究紀要 (36).
中川正之，2005．漢語から見える世界と世間 [M]．東京：岩波書店.
中川正之，定延利之，2006．言語に現れる「世間」と「世界」[M]．東京：くろしお出版.
中島悦子，1993・2007．日中対照研究ヴォイス—自・他の対応・受身・使役・可能・自発 [M]．京都：おうふう.
中島悦子，2012．日中対照研究『ヴォイス』—受身を中心に—日本語と中国語のヴォイス [M]．東京：白帝社.

中島平三，瀬田幸人，2009．オックスフォード言語学辞典 [M]．東京：朝倉書店．

中根淑，1876．日本文典 [M]．札幌：日新堂．

中村明，1979．感情表現辞典 [M]．東京：六興出版．

仁田義雄，1991．日本語のヴォイスと他動性 [M]．東京：くろしお出版．

仁田義雄，2009．仁田義雄日本語文法著作選—日本語の文法カテゴリをめぐって 第1巻 [M]．東京：ひつじ書房．

日本語記述文法研究会．現代日本語文法 2[M]．東京：くろしお出版．

日本大辞典刊行会，1981．日本国語大辞典 [M]．縮刷版．東京：小学館．

日本語文法学会，2014．日本語文法事典 [M]．東京：大修館書店．

野村剛史，1982．自動・他動・受身動詞について—動詞の自他 [M]．東京：ひつじ書房．

橋本進吉，1948．国語法研究 [M]．東京：岩波書店．

橋本進吉，1983．助詞・助動詞の研究 [M]．第7刷．東京：岩波書店．

早津恵美子，1990．有対他動詞の受身表現について—無対他動詞の受身表現との比較を中心に—[J]．日本語学，9(5)：67-83．

早津恵美子，1989．有対他動詞と無対他動詞の違いについて—意味的な特徴を中心に—[M]// 須賀一好，早津恵美子．動詞の自他．東京：ひつじ書房：179-197．

原沢伊都夫，2010．心の状態を表す動詞の再分類 [J]．静岡大学国際交流センター紀要 (4)：69-79．

梅佳，2014．日本語受身文とその中国語対訳文の対照研究—「動作主なし」の直接受身文を中心に—[J]. 比較社会文化研究(35): 53-60.

馬場典子, 2001. 感情動詞のテンス・アスペクトについての考察—怒りを表わす動詞(句)の場合—[J]. 言葉と文化(2).

BANDO M. 1996. Semantic Properties of NiNP and -O NP of Japanese Psych-verbs[J]. 大阪大学言語文化学,(5): 165-177.

潘海华, 韩景泉, 2008. 汉语保留宾语结构的句法生成机制[J]. 中国语文,(6).

藩金生, 1984. 中日両国語の比較—次動詞「被(bei)」を使う受動文と意味上の受動文をめぐって—[C]// 金田一春彦博士古稀記念論文集編集委員会. 金田一春彦博士古稀記念論文集第二巻(言語学編). 東京: 三省堂.

范晓, 1987. 汉语动词概论[M]. 上海: 上海教育出版社.

范剑华, 1990. 论现代汉语被动句式[J]. 华东师范大学学报(哲学社会科学版)(11).

日高水穂, 2002. ヴォイス(受動文を中心に)—方言文法調査ガイドブック[R]// 大西拓一郎. 科学研究費補助金研究成果報告書, 37-63.

FILLMORE CHARLES J. 1968. The case for case[M]// BACH HARMS. Universals in linguistic theory. New York: Holt, Rinehart, and Winston: 1-88.

チャールズ J. フィルモア, 1975. 格文法の原理—言語の意味と構造[M]. 田中春美・船城道雄, 訳. 東京: 三省堂.

馮富栄, 1999. 日本語学習における母語の影響—中国人を対象として—[M]. 東京: 風間書房.

傅雨贤, 1986. 被动句式与主动句式的变换问题[J]. 汉语学习(2).

傅雨贤，1988．现代汉语语法学 [M]．广州：广东高等教育出版社．

勝川裕子，2003．“領主属宾句”における領属の認知的解釈 [J]．中国語学 (250)．

富士谷章，1977．あゆひ抄 [J]．中田祝夫，解説．東京：勉誠社．

武梦娇，2013．汉语“领主属宾句”研究综述 [J]．海外英语 (4)：252-253．

文雅丽，2007．现代汉语心理动词研究 [M]．北京：北京语言大学出版社．

北京大学，1993．现代汉语 [M]．北京：商务出版社．

丰竞，2003．现代汉语心理动词的语义分析 [J]．淮北师范大学学报（哲学社会科学版）(1)．

星英仁，2011．間接受身文の事象と統語構造について—日中理論言語学の新展開① [M]．東京：くろしお出版．

ホフマン，1968．日本語文典 [M]．三沢光博，訳．東京：明治書院．

前田隆，青木文夫，1999．新しい人工知能—基本編 [M]．東京：オーム社．

马建忠，1983．马氏文通 [M]．北京：商务印书馆．

马志刚，2013．再论汉语保留宾语被动句——兼论领属关系的典型性和“王冕死了父亲”的历史成因 [J]．语言研究集刊 (2)．

益岡隆志，1991a．受動表現と主観性—日本語のヴォイスと他動性 [M]．東京：くろしお出版：105-121．

益岡隆志，1991b．モダリティの文法 [M]．東京：くろしお出版．

益岡隆志，田窪行則，1992．基礎日本語文法 [M]．改訂版．東京：くろしお出版．

松下大三郎，1927．標準漢文法 [M]．東京：紀元社．

松下大三郎，1928. 改選標準日本語 [M]. 東京：紀元社.
松下大三郎，1930. 標準日本口語 [M]. 東京：中文館書店.
松村明，1981. 日本文法大辞典 [M]. 東京：明治書院.
松村明，1995. 大辞林 [M]. 東京：小学館.
松村明，山口明穂，和田利政，2006. 国語辞典 [M]. 東京：旺文社.
三矢重松，1928. 高等日本文法 [M]. 東京：明治書院.
丸山和雄，岩崎摂子，1999. チャンブレン「日本語口語文典」全訳 [M]. 東京：おうふう.
三上章，1953. 現代語法新説 [M]. 東京：刀江書院.
三上章，1953. 現代語法序説—シンタクスの試み [M]. 東京：刀江書院.
三矢重松，1908. 高等日本文法 [M]. 東京：明治書院.
三原健一，1994. 日本語の統語構造：生成文法理論とその応用 [M]. 京都：松柏社.
三原健一，2000. 日本語心理動詞の適切な扱いに向けて [J]. 日本語科学 (8).
村松由起子，2007. 中国語「意味上の受身」と日本語の受身文 [J]. 豊橋技術科学大学紀要 (29).
物集高見，1878. 初学日本文典 [M]. 京都：出雲寺文次郎出版.
物集高数，1934. 物集高見全集—日本文語 第三巻 [M]. 東京：物集高見全集編纂会.
望月八十吉，1983. 日本語から中国語を眺める—その 2— [J]. 日本語と中国語の対照研究 (8).
本居宣長，1990. てにをは紐鏡—本居宣長全集 第 5 巻 [M]. 東京：筑摩書房.
本居春庭，1900. 詞通路 [M]. [出版地不詳]：永楽屋.
山岡政紀，1998. 感情表出動詞の分類と語彙 [J]. 日本語日本文

学 (8).

山岡政紀，1999．感情表出動詞の文法的特徴 [J]．日本語日本文学 (9).

山岡政紀，2000．感情変化動詞の語彙と文法的特徴 [J]．日本語日本文学 (10).

山岡政紀，2002．感情描写動詞の語彙と文法的特徴 [J]．日本語日本文学 (12).

山川太，2004．日本語における心理動詞の格標示について [C]．日本語・日本文化 (30).

山田敏弘，2000．ウチの受身とソトの受身～受身文の意味と構造の対応再考 [J]．現代日本語研究 (7)：98-113.

山田孝雄，1908．日本文法論 [M]．東京：宝文館.

山田孝雄，1936．日本文法学概論 [M]．東京：宝文館.

俞理明，吕建军，2011．"王冕死了父亲"句的历史考察 [J]．中国语文 (1).

杨华，1994．试论心理状态动词及其宾语的类型 [J]．汉语学习 (3).

杨凯荣，1988．文法の対照的研究―中国語と日本語 [C]// 北原保雄．講座日本語と日本語教育 5 日本の文法・文体（下）．東京：明治書院.

杨凯荣，1992．文法の対照的研究―中国語と日本語 [J]．日本語と日本語教育 (5)：312-340.

楊彩虹，2009a．中国語受身文の成立条件―日本語との対照研究を通して―[J]．言語と文化 (3)：17-25.

楊彩虹，2009b．中国語における「V＋結果補語」受身文の成立条件について―"V 倒"を中心に―[J]．言語と文化 (3)：17-25.

叶菁，2003．日中受動文の対照研究：『新編日語』における文法

説明への提案 [J]. 早稲田大学日本語教育研究 (59).
姚莉萍, 2002. 中国語と日本語の受身の構文と意味についての比較 [C]// 徐一平 . 中日对译语料库的研制与应用研究论文集 . 北京 : 外语教学与研究出版社.
吉永尚, 1997. 心理動詞の意味規定とその特性について [J]. 日本語・日本文化研究 (7) : 81-98.
吉村賢, 2000. 自然言語処理の基礎 [M]. 東京 : サイエンス社.
兰佳睿, 2014. 现代汉语心理动词性质研究综述 [J]. 现代语文 (1).
李湘琴, 2013. 日本語と中国語の受身文の対照研究—網羅的な記述を目指して—[J]. 言語文化学研究, 87-105.
ジャック・C. リチャーズ, リチャード・シュミット, 2013. ロングマン言語教育・応用言語学用語辞典 [M]. 増補改訂 . 高橋貞雄 , 山崎真稔 , 小田眞幸 , 松本博文 , 訳. 東京 : 南雲堂.
刘月华 , 潘文娱 , 故韡, 1983. 实用现代汉语语法 [M]. 北京 : 外语教学与研究出版社.
劉月華 , 潘文娯 , 故韡, 1991. 現代中国語文法総覧 (下) [M]. 片山博美, 守屋宏則, 平井和之, 訳. 東京 : くろしお出版.
刘月华 , 潘文娱 , 故韡, 2001. 实用现代汉语语法 [M]. 增订本. 北京 : 商务印书馆.
劉志偉, 2013. 日中構文の相違点から考える中国語受身表現の説明方法 [J]. 人文学報 (473).
梁东汉, 1960. 现代汉语的被动式 [J]. 内蒙古大学学报 (2).
吕叔湘, 1955. 汉语语法论文集 [C]. 北京 : 北京科学出版社.
吕叔湘, 1965. “被”字句“把”字句动词带宾语 [J]. 中国语文 (4).
吕叔湘, 1980. 现代汉语八百词 [M]. 北京 : 商务印书馆.

吕叔湘，1982．中国文法要略［M］．北京：商务印书馆．

吕叔湘，1984．汉语语法论文集［C］．北京：商务印书馆．

吕叔湘，1992．笔记文选读［M］．北京：语文出版社．

吕叔湘，罗常培，1956．现代汉语规范化问题［M］．北京：科学出版社．

黎锦熙，1924．新著国语文法［M］．北京：商务印书馆．

黎锦熙，1954．新著国语文法［M］．北京：商务印书馆．

ロドリゲス，1955．日本大文典［M］．土井忠生，訳．東京：三省堂．

ロドリゲス，1993．日本語小文典［M］．池上岑夫，訳．東京：岩波書店．

渡辺英二，1995．春庭の語学研究［M］．東京：和泉書院．

電子辞書

スーパー大辞林 3.0　編者松村明・三省堂編修所 2006

Web サイド

http：//www.kotonoha.gr.jp/shonagon/

http：//search.yahoo.co.jp/search

http：//detail.chiebukuro.yahoo.co.jp/qa/question_detail/

http：//ameblo.jp/anaheim0078/entry-12019083926.html

http：//onayamifree.com/threadres/2210772/

http：//ameblo.jp/xsakuradokeix/entry-12016970493.html

twitter.com/toto88otot/status/405971064511287296

http：//dictionary.goo.ne.jp/examples/jn2/34138/m0u/

謝　辞

本論文を完成するにあたって、多くの方々のご指導、ご助言及びご協力を頂きましたことを感謝の気持ちとともにここに記したいと思います。

まず、本論文を進めるにあたり終始あたたかいご指導を賜りました指導教授である拓殖大学大学院言語教育研究科の石川守先生に何より深甚な感謝の意を申し上げます。本論文の構想から完成までの長きにわたり、研究方法から研究者としての厳格な姿勢まで懇切にご指導をいただきました。不十分ながらも、本論文を書き上げることができたのは石川先生のおかげです。

次に、学位論文審査において、貴重なご指導とご助言を頂きました拓殖大学大学院言語教育研究科の阿久津智先生、浅井澄民先生及び中国大連外国語大学日本語学院の于飛先生に心より深く感謝申し上げます。

また、博士前期から現在にわたり、多くのご指導を頂きました拓殖大学大学院言語教育研究科の遠藤裕子先生、木村政康先生、小林孝郎先生、並びに言語教育研究科の諸先生方には、貴重なご意見、ご指導を賜りましたこと厚く御礼申し上げます。

最後に、いつも応援及びたくさんの有益なコメントをいただいた博士後期の同研究室の方々、他の研究室の方々及びいつも私を励まし、支えてくれた家族と友人にも心より感謝致します。